人力资源管理丛书

外语院校经济学专业人才培养的实践与探索

THE PRACTICE AND EXPLORATION OF TRAINING ECONOMICS MAJOR TALENTS IN FOREIGN LANGUAGE UNIVERSITIES

（第一辑）

罗立彬◎主编

经济管理出版社

ECONOMY & MANAGEMENT PUBLISHING HOUSE

图书在版编目（CIP）数据

外语院校经济学专业人才培养的实践与探索．第一辑/罗立彬主编．—北京：经济管理出版社，2021.2

ISBN 978-7-5096-7786-5

Ⅰ.①外…　Ⅱ.①罗…　Ⅲ.①经济学—专业人才—人才培养—研究—高等学校　Ⅳ.①F0-4

中国版本图书馆 CIP 数据核字（2021）第 038954 号

组稿编辑：王光艳

责任编辑：詹　静

责任印制：黄章平

责任校对：王淑卿

出版发行：经济管理出版社

　　　　　（北京市海淀区北蜂窝 8 号中雅大厦 A 座 11 层　100038）

网　　址：www. E-mp. com. cn

电　　话：（010）51915602

印　　刷：唐山昊达印刷有限公司

经　　销：新华书店

开　　本：720mm×1000mm /16

印　　张：9.5

字　　数：154 千字

版　　次：2021 年 3 月第 1 版　2021 年 3 月第 1 次印刷

书　　号：ISBN 978-7-5096-7786-5

定　　价：68.00 元

前　言

北京第二外国语学院经济学院是在 1981 年全国外语院校中设立的第一个国际经济合作专业的基础之上发展起来的，具有较长时间的办学历史，目前下设国际经济与贸易、贸易经济（国际文化贸易方向）和金融学三个本科专业。多年来，其结合北京第二外国语学院的办学定位和经济学专业自身特点，逐渐形成了以"外语+专业"为基础的本科人才培养模式，同时伴随着国家改革开放经济发展的浪潮和首都经济发展对人才培养的需求，坚持走"特色化"道路。目前学院有一支年富力强、学识出众、热爱教学与科研工作的专业教师队伍，他们除了在各自专业研究领域寻求突破之外，在实际的教学工作过程中，对于外语类院校经济学类专业人才培养模式以及具体教学方法也进行着大量的思考和总结，本书就是各位老师积极思考和经验总结的成果。

本书共分为五个专题：

专题一是课程思政，收录了马宜斐和李德刚的各一篇文章。马宜斐认为，课程思政的教育理念已经深入人心，然而对于具体专业北如以数学和舶来品为特征的金融学专业，该如何将传授客观知识与传输价值观并行需要深入研究。其文章以保险学为例总结了任课老师的体会。李德刚结合自身在国际服务贸易课程中的教学经历，对于专业课程思政化提出以下思路：首先，结合学生实际，激发学生动力；其次，结合政策寻向，理论联系实际；最后，注重立德树人，培育家国情怀。实现思政推进科研，科研"反哺"思政的良性循环。

专题二是人才培养模式，收录了王海文等六位老师的文章。王海文认为高校国际服务贸易人才培养模式创新中的科技应用和价值观引领涉及教学资料、教学手段、教学方式、实践教学等方面。未来要做好国际服务贸易人才培养模式创新的顶层设计，推动服务贸易人才综合能力提升和发展潜力培养，加强科技应用和价值观引领在服务贸易人才培养政产学研协同合作中的作用，建设国际服务贸易人才培养的科技化和价值观引领特征彰显的课程体系。孙乾坤和刘一姣的文章结合"一带一路"倡议下市场对国际贸易专业人才的需求方向，重点考察了当前中国外语类院校国际贸易专业人才培养的现状，并探析了外语类院校国际贸易专业教育教学存在的问题，以及与财经类院校相比该专业的优劣势所在。他们提出外语类院校应结合自身优势，着重推动多语种实验班和国际组织人才基地班的建设，促进复合型交叉学科人才培养模式的发展，构建应用型人才与研究型人才分类培养的特色教育教学模式。林建勇和蔺天祺就当前我国国际文化贸易人才培养的特点与存在的问题，结合"一带一路"倡议对国际文化贸易人才的素养要求，提出了服务"一带一路"倡议需求的国际文化贸易人才培养相关建议。韩珣阐释了智慧互联时代对金融行业人才的新要求，提出在金融科技人才培养中存在定位不明确、师资力量不足、课程设置不合理等问题，并且从加强高水平教师队伍的建设体系，完善金融科技学科人才培养体系，夯实以金融理论为基础的培养计划，明确以实践应用为最终导向的培养目标等方面，提出完善金融科技专业人才培养模式的对策建议。李扬强调，国际化的视角和交流能力是培养经管类人才的核心素质之一，是构成其未来发展的核心竞争力之一。外语类高校应发挥其在语言和文化方面的独特优势，完善人才培养的目标定位、知识能力素质规格要求、课程设置和评价方式等顶层设计，借鉴国际培养模式，培养具有国际视角的特色实用型经管人才，实现差异化竞争。

专题三是人才培养体系，收录了刘霞的一篇文章，其认为面对中国新时代的发展背景，具有语言文化特色的外语院校可以通过合理定位培养目标、改革完善培养模式、科学构建课程体系、创新改革培养制度等方面不断完善外语院校经济学专业人才培养方案和培养体系。

专题四是教学方法，收录了赵宇华等五位老师的文章。赵宇华是以金融专业双语教学为例，对目前国内师生可以接触到的主要金融学视频资源进行了梳理，并列举和评价了数十门金融学核心课程和重要专题讨论视频资源的主要内容与特点，以期为翻转课堂尽快走入金融教学实践提供参考。刘畅从双语教学的内涵和分类入手，依次分析在经济学基础课中实施双语教学的目的、课前准备与课堂组织，探讨如何合理引入英语元素，丰富课堂内容，帮助学生更好地理解经济学原理并用其分析和解决现实问题。李萍提出为培养"经济学专业+外语特色"复合型人才，外语院校应强化经济学基础课程教学，多措并举，提升教学质量：教学内容系统化，致力于深入浅出；教学模式多样化，着力于灵活施教；教学环境活跃化，着眼于良性互动。何俊勇从"对话式"案例教学方法入手，认为将对话式、案例式教学融合在一起，有利于激发学生的学习热情，调动其学习的积极性。其系统地介绍了"对话式"案例教学方法的基本理念和主要原则，并以衍生金融工具为例展示了课堂设计。池娟集中讨论了国际物流课程的教学方法，认为国际物流课程的实践性要求熟练掌握相关单据，因此可以通过各种方式将单据引入教学内容，同时尽量运用原版单据，注意单据中英文专业词汇的掌握，运用案例教学和任务驱动法进行单据的教学。

专题五是实践教学，收录了庞跃霞的一篇文章。庞老师认为创新是引领发展的第一动力，是提升国家综合国力和国际竞争力的根本，高校积极采用一系列措施与改革来培养学生的科研创新创业思维和能力，并取得了一定成效，但同时也存在一些问题，需要继续优化创新创业能力培养模式来逐步提高创新创业教育水平。

感谢经济管理出版社工作人员对本书付出的辛勤劳动，书中不足与疏漏之处恳请广大读者批评指正！

编 者

2020 年 10 月

目　录

▎课程思政

▎人才培养模式

▎人才培养体系

▎教学方法

实践教学

课程思政

金融专业课思政教育的方式方法探究

——以保险学课程为例

马宜斐①

习近平总书记在高校思想政治工作会议上曾经提出，思政教育要在课堂教学中进行，应将思政课和各类专业课同行同向，进而逐渐形成协同效应。因此，作为一名专业课教师，如何从专业的角度对时政内容进行渗透，达到活跃课堂气氛，理论联系实际，避免单纯说教和空洞思政的模式，是一个迫切需要思考的问题。

一、保险学课程思政对保险产业的意义

（一）保险学课程思政有利于对未来从业者人性的约束

金融市场从来没有停止过欺瞒与诈骗。金融发展的历史就是一部财富、贪婪、欺诈与金融创新共同存在的精彩历史。随着时间的流逝，我们惊人的发现，现代金融市场的绝大部分特征仍和 17 世纪的市场行为相同。为什么会这样？因为除了交易工具和结算机制有所改变外，人们追逐利益的本质并没有变，甚至是更加贪婪了（查尔斯·马凯，2016）。课程思政解决了"为谁培养人才"和"怎么培养人才"的问题。如果没有正确的政治立场，保险作为一种复杂的金融工具，产业单纯追求金钱利益最大化必将加速经济周期性波动。只有在人生观价值观世界观尚未形成的时候，通

---

① 马宜斐，北京第二外国语学院经济学院金融系教授，博士、硕士生导师。主要研究领域为保险实务、保险消费者保护。

过课程思政让学生从"国家"的角度看待产业发展问题，以实现中华民族伟大复兴的精神追求和爱岗敬业的努力生活，才能防止对金钱的贪婪。

（二）保险学课程思政有利于实现保险业的基本功能

保险学课程思政就需要知道在马列的论述中是怎么描述保险的本质和基本功能的，这些描述是否适合今天的中国保险业呢？近年来，国内部分保险公司偏离了保险的本质，动用保险资金在资本市场频繁举牌上市公司，使"保险的主要功能究竟是投资还是保障"这一问题成为社会各界关注的热点议题。保险业区别于金融的其他业态，主要体现在风险分担功能。然而投资型产品并不具备风险分担的功能，本质上跟投资基金一样。而且投资型保险产品受经济周期的影响非常大，具有严重的周期性。因而，如果保险市场保费的主要构成是投资性产品的规模保费收入，那么保险将由减震器变为振荡器，只会加速金融市场的波动。一个经营风险的行业，必须保证承担"风险管理者"的角色，不能成为"风险的制造者"。从保险的起源及其发展历程来看，经济补偿功能始终是保险最基本的功能，风险管理和经济补偿最能真正体现保险的价值，所以说"保险姓保"是保险的本质。追本溯源，马克思对保险的基本功能和本质的论述虽然是零散不系统的，但是他一直反复强调"保险姓保"。

（三）保险学课程思政有利于实现保险社会价值与保险公司价值追求的统一

保险的社会价值体现在三个方面：①测量社会总风险的晴雨表。现代保险业建立了覆盖面广、数据量庞大的风险数据库，能够包含时间跨度长且类型丰富的历史数据，为全社会在风险识别与风险防范上提供技术支持。因此如果各家保险公司数据不公开不能共享，就不会最大限度地发挥社会总风险晴雨表的价值。②社会财富再分配的均衡器。保险可以对已经积累的社会财富进行再分配，不但能以保险赔付的方式，在灾害或其他危机来临时帮助企业渡过艰难期，也可以集中社会闲散资金，完成对部分领域的投资，如支持技术创新。③促进社会公平稳定的助推器。保险最显著的作用是维护未来财务状况的稳定性，保险行业可以通过赔付等机制帮助投保人，保障他们的基本生活水平，维护社会稳定。

保险公司的价值追求是利润最大化。长期以来，传统保险公司形成了以产品为中心、以渠道为重心的发展模式。保险公司产品销售主要通过人海战术、疯狂话术培训、严苛的绩效考核将产品卖出去，所以长期以来保险行业的社会形象很差，"防火防盗防卖保险"是流行一时的社会现象，严重损害了保险业经营的信任基础。商业的基本逻辑是企业价值源于客户，只有为客户创造价值才能实现企业自身的价值。那谁才是客户，显然对所有金融机构，都是越有经济能力的人越是优质客户。按照这样的逻辑，保险机构应该围绕着有钱的客户开发产品，和其他金融机构抢市场抢客户。有钱人的需求不在仅仅是安全需求，他们自身的财力已经能够较好地保证安全，那他们的需求会更多地放在资产保值增值、资产传承。这样保险公司的产品开发也会忽视经济的"减震器"和社会的"稳定器"，而是关注投资型保险产品的研发。同时，保险公司追求利润最大化的思路也会严重影响它的资产安全。金融的基本定律是高风险高收益，低风险低收益。保险公司追求利润最大化，就会更多地选择高风险的项目，必然导致准备金提取不充足，严重影响偿付能力。

保险的社会价值在短期内可能与保险公司的经营追求相互矛盾。保险的社会价值是保险对这个社会的责任和担当。保险公司经营追求利润最大化。有时保险公司实现社会价值是要放弃利润最大化目标的。短期来看，这些产品的营利性都不好，但是它们的社会意义巨大——中华民族必将再次在人类历史上创造奇迹，也有利于保险公司社会形象的树立。但是两者长期看是一致的。只有当保险公司真正承担起行业应该承担的社会责任，才会得到更多消费者的认可和信任，才能有持续的客户资源。

（四）保险学课程思政有利于找到保险业出发点和归宿

党的十九大报告明确了"以人民为中心"应成为保险业所有工作的出发点和归宿，保险业作为向社会提供准公共服务产品的行业，贯彻以客户为中心的经营理念，就是落实"以人民为中心"的思想。人民是劳动群众的统称，因此保险公司的服务对象是面向所有劳动人民。

（五）保险学课程思政有利于明确保险业的本质

保险产品可以分为保障型保险产品和投资型保险产品。保障型保险产品从经营的角度讲无论承保成本和理赔成本都较大，但是经营风险较小。同时对消费者而言，保障型保险产品无可替代地发挥了风险转移的功能，实现了促进社会公平稳定地发展。投资型保险产品可以快速实现保费增长，提高保险公司的排名，但同时也会加大保险业的经营风险。因此，在当前国内外多种风险交织、面临复杂的风险形势下，中国银保监会反复强调"保险姓保"。

"保险姓保"理念注入业务发展和经营管理之中是每一个保险从业者的责任。具体来看，在产品端，需要深入挖掘消费者保险需求，重点加强保障型产品的开发与推动，满足客户日益增长的保障需求。在投资端，需将价值投资与服务国家经济转型相结合，从转型中寻找投资机会，同时服务于实体经济。"总结来说就是，加强保障型产品开发，强化科技应用，创造简单消费体验。保险投资支持实体经济发展。""保险姓保"意味着增大消费型保险的比例。从短期来看，消费型保险存在保费增长慢，经营成本大，不利于保险产业快速发展的目标实现。但是从国家全局的角度来看，消费型保险能够最大限度地发挥保险业风险转移的功能，同时实现金融各产业间的职能互补。

保险公司未来将进一步推进标本兼治，正本清源，通过保障产品设计、规范销售行为等将保险经营行为回归本源，突出主业，稳健发展，在支持实体经济转型升级中发挥保险独特作用。课程思政教会我们爱国爱党，从全局的观念看待产业发展。

二、保险学课程思政的教学案例剖析

我们希望通过保险课程的思政教育，达到培养学生爱国情怀、产业报国的衷心，正确理解保险产业的本质，明白国家监管政策的初心和使命，自觉在自己的日常工作中贯彻实施相关政策的目的。

首先，我们需要通过数字说话，激发学生对伟大祖国的自豪感。四十多年来，中国保险业高举改革开放伟大旗帜，锐意深化改革，勇当开放尖兵，行业面貌发生了巨大变化。我国保险市场由改革开放之初中国人民保险公司独家经营，全部保费收入只有 4.6 亿元。到 2017 年底，全国保险机构达到 218 家，总资产 16.7 万亿元，实现保费收入 3.7 亿元，市场规模增长 7900 多倍，世界排名跃升至第 2 位；承担保险责任金额 4154 万亿元，是同期 GDP 的 50 倍，保险赔付也达到了 1.1 万亿元，成为保险大国。[①] 这样的发展历程国外都经历了上百年的时间。

其次，通过分派小组任务，激发学生产业报国的衷心。通过老师讲解保险行业的社会价值，帮助学生理解保险的本质及职能。老师可以将学生分五组，分别从五大方面寻找"保险姓保"的证据。第一，"保险姓保"体现在为人民生活提供风险保障。比如，与人民生活密切相关的险种发展的概括。第二，"保险姓保"体现在为实体经济提供风险保障。比如，为第一、第二、第三产业提供的保障分别有多少。第三，"保险姓保"体现在为国家战略提供风险保障。比如"一带一路"建设、南水北调、公租房、投资地铁、高速公路等涉及国际民生的重大建设项目中保险资金的投入。第四，"保险姓保"体现在为社会治理提供风险保障的证据。包括以往涉及环保、医疗、教育、交通、食品安全、旅游、安全生产、建筑工程等方面的责任险都属于为社会治理提供的风险保障。第五，"保险姓保"体现在为重大灾害提供风险保障。比如，这次突发的新冠肺炎疫情，保险业都做了些什么。

上述证据的收集，学生能够深刻地感受到：在我国改革开放这些年来，保险业作为现代金融的重要组成部分，借祖国改革开放和现代化建设的东风，行业规模迅速扩大，质量效益转型升级，保障水平显著提升。保险业自身发展壮大对整个国家经济发展意义重大。

再次，我们需要分析保险业是如何取得这些成就的？学生会提出比如保险业内部发展动力包括人才储备、产品创新等；也会想到居民收入增加和老龄化的推动，但也可能就止于这些因素了。可是具备这些因素的不只是只有中国，那为什么今天中国的保险业成为全球第二大市场呢？这中间有一个最重要的因素是国家宏观政策的强大驱动力。党的十九大报告确立的一系列重大发展战略，包括科教兴国战略、人才强国战略、创新驱动发展战略、乡村振兴战略、区域协调发展战略、可持续发展战略、军民融合发展战略等，为保险业发展提供了难得的历史机遇。党的十八大报告八次提到保险，党的十九大报告七次提到保险，突出强调了增强保险保障功能。因此，国家的政策红利才是保险业蓬勃发展的原动力。

---

① 缪建民. 保险业已发生四大根本性转变 仍面临四大考验 [EB/OL]. [2018-11-08]. https://baijiahao.baidu.com/s? id=1€6532703602523455&wfr=spider&for=pc.

切合国家改革的大政方针，保险业就能找到发展的方向和动力。党的十九大报告提出，我国社会主要矛盾已经转化为人民日益增长的美好生活需要和不平衡不充分发展之间的矛盾，我国经济已由高速增长阶段转向高质量发展阶段。作为现代经济金融的重要组成部分，保险业正处于从高速增长转向高质量发展的重要转折点。因此，需研究其发展的驱动力，从而推动行业中长期持续、健康发展。

最后，在现实中，我们经常看到保险业遵循国家政策，可能会出现与产业短期发展相互矛盾的地方。那产业发展是否还应该遵循国家政策方针呢？比如，新冠肺炎疫情肆虐之时，各家保险公司纷纷响应政府号召，将新冠肺炎疫情的赔偿责任作为扩张责任。可是作为一家营利的机构，如果产品研发时，精算没有考虑这种疾病，就不会将发生率算入保费。那它扩展责任带来的赔偿成本就只能从利润中扣除。

党的十九大报告提出：不忘初心，牢记使命。保险业的初心和使命就是"保险姓保"。保险起源于人民对风险保障的需求，希望通过保险机制来分散风险，弥补或减缓因自然灾害、死亡、健康等带来的重大生命财产损失。那国家为什么会提出"保险姓保"呢？"保险姓保"的含义是要突出保险市场中保障型保险的占比，从而实现保险的保障功能。按照保险产品分为保障型和投资型，让学生找保险市场这些年保障型和投资型保险保费占比的证据。从数据上看，这些年保险市场上整体保障型保险的占比增大，但是仍以投资型保险保费为主。通过提问：那么会带来什么不好的结果吗？引发学生进一步的思考。投资型保险占比高，除了影响保险保障功能的实现外，还会加剧保险产业的周期性。

保险产业的投资型产品会严重依赖于经济周期，比如经济形势好的时候，公司和员工的收入多，投资型产品销路好。但是当经济形势不好的时候，企业和员工的收入都会紧张，投资型产品销路不好。这一点非常类似与银行，所以银行也具有典型的周期性。但是保险行业保障型产品的周期性就不强，无论经济形势好或不好，人们都有抵御风险的需求。如果保险行业保障性产品占比高，那么保险行业整体上抗周期性的能力增强。只有这样，保险行业才能成为宏观经济的稳定器。

"保险姓保"有没有理论依据呢？其实马克思保险思想的精神内核就是"保险姓保"，这些内容分散在《资本论》第二、三、四卷以及《哥达纲领批判》中（张婧，2018）。对于保险的本质，马克思是从保险功能入手进行论述的。马克思说："对于由异常的自然现象、火灾、水灾等引起的破坏而获得的保险，与损耗的补偿及维修劳动完全不同。保险可以用来消除偶然事件和自然力所造成的异乎寻常的破坏。"[①] 他明确阐述了保险制度所具有的"分摊损失"与"补偿损失"的独特职能。保险分摊损失的职能体现在由众多的具有相同风险的参保人来共同承担遭受损失的个别参保人的损失，从而实现每个个体财务上的确定性。保险是由确定的保费支出来弥补不确定的损失。

实现"保险姓保'，要贯彻依法治国方略，并逐步完善现代保险业的法律制度；提高社会公众的保险意识，逐步扩大保险保障的覆盖面；完善保险经济补偿机制，创新社会管理模式；明确风险保障的目标，遵循保险资金运用稳健审慎原则，引导保险资金成为维护资本市场稳定、促进实体经济发展的重要力量。

三、保险学课程思政的经验总结

专业课课程思政要想有深度、有高度、有趣有料吸引学生，需要具备以下条件：

（一）专业课老师要学会从专业的角度分析习近平的治国思想

教育就是生活，生活就是教育。每天发生的事情就是当代大学生成长的环境，这些相信他们是深有感触的。如果专业老师能够从产业治理的高度剖析习近平同志的治国思想，学生对产业的理解和对政治的理解都会更进一步。比如这次疫情就是难得的教育素材。疫情期间，保险产业都做了什么，这么做短期和长期对产业的影响分别是什么？保险业的做法是否与习近平同志提出的统筹做好疫情防控和经济社会发展工作的部署一致？中国的宏观经济是由各个产业构成的，各个产业都在党的领导下，在政府的关心下，共同发展。只有这样，我们才能集中力量办大事，所以专业课老师应该从国家的扶持政策、国家的战略规划等角度看产业发展。这样培养

① 马克思. 资本论（第三卷）[M]. 北京：人民出版社，1975：233.

出来的学生就具有了大局观和爱国情怀。

（二）专业课老师要学习党史和马列理论中关于自身专业的论述

党史和马列理论（马克思列宁主义理论）的学习对于和平年代长大的孩子，可能既枯燥又抽象。如果可以在各个专业课程中分析马列理论，就能够解决这个问题。比如，近年来我国保险业内部发生了很多的争论，这些争论本质还是保险业的基本职能和本质的问题。这些问题我们都能在马列的著作中找到本源。从哲学的高度看待问题，可以抽离到复杂的社会现实，更容易看到事物的本质。

（三）专业课老师要有责任心和使命感，深刻理解课程思政的重要意义

课程思政，需要授课教师充分挖掘专业课中的政治思想教育资源，这的确也增加了教师的工作量。专业课比思政课容易有深度和内容，这样学生在潜移默化中接受教育，才能从小接受精神洗礼，长大成为新中国的接班人。因此，增加的工作量是很有价值和意义的。如果专业课老师不讲授专业课中的思想政治内容，中国特色社会主义在产业的体现学生很难发现，这样的专业课就没有了中国特色。从长久来看，专业课的知识在国内和国外的教育中也就没有了区别，那我们教育的优势在哪里呢？随着中国经济的强大，越来越多的孩子可能就会选择去国外读书，也许就会接受国外的政治理念的冲击。所以，坚持专业课思政，随时随地理论联系实际谈政治对专业的影响，既是对学生中国特色社会主义理论的灌输，更是每个专业课老师的责任。

参考文献

[1] 熊瑾. 浅谈"保险姓保"的发展概况与驱动力 [J]. 时代金融, 2019（8）：72-73.

[2] 张婧. 马克思关于保险功能的论述对"保险姓保"的启示 [J]. 云南社会科学, 2018（2）：25-31+185-186.

[3] 李祥祥, 朱凤荣, 徐叶. 高校课程思政教学改革的问题意识 [J]. 安徽广播电视大学学报, 2020（1）：55-60.

［4］叶莲.课程思政与素养教育同向同行的内在逻辑及实践路径［J］.大学教育，2020（3）：121-123.

［5］杨威，陈怀琛，刘三旦，等.大学数学类课程思政探索与实践——以西安电子科技大学线性代数教学为例［J］.大学教育，2020（3）：77-79.

《国际服务贸易》课程思政建设探索

李德刚[①]

习近平总书记在全国高校思政工作会议指出"高校思想政治工作关系高校培养什么样的人、如何培养人以及为谁培养人这个根本问题；要坚持把立德树人作为中心环节，把思想政治工作贯穿教育教学全过程，实现全程育人、全方位育人，努力开创我国高等教育事业发展新局面；思想政治工作从根本上说是做人的工作，必须围绕学生、关照学生、服务学生，不断提高学生思想水平、政治觉悟、道德品质、文化素养，让学生成为德才兼备、全面发展的人才；教育引导学生正确认识世界和中国发展大势，从我们党探索中国特色社会主义历史发展和伟大实践中，认识和把握人类社会发展的历史必然性，认识和把握中国特色社会主义的历史必然性，不断树立为共产主义远大理想和中国特色社会主义共同理想而奋斗的信念和信心"。

国际服务贸易作为认识世界和中国发展大势的重要课程之一，随着全球服务贸易的快速崛起，其重要性日趋凸显，同时也是国际贸易专业学生的核心课程，新时代必须学习贯彻习近平总书记在全国思政工作会议重要讲话精神，构建课程思政的育人大格局，以立德树人为抓手，解决培养什么人、怎样培养人、为谁培养人的新问题，激发学生为国家、为民族、为实现中国民族伟大复兴和中国梦而学习的热情和动力，实现自身价值，成为德才兼备、全面发展的新时代卓越青年。

笔者在认真学习贯彻落实全国高校思政会议精神的引领下，结合国际服务贸易的课程特点，发挥高校立德树人的使命和责任，不忘初心，牢记使命，以课程思政教学项目为支撑，不断创新教学方法，更新教学内容，在传授课程知识的基础上引导学生将所学到的知识和技能转化为内在德性

---

① 李德刚，经济学博士，目前为北京第二外国语学院经济学院讲师，硕士生导师。研究方向为国际贸易理论与政策。

和素养，注重将学生个人发展与社会发展、国家发展结合起来。具体来看，与以往《国际服务贸易》受课相比，2019~2020年第一学期将思政元素更多融入《国际服务贸易》课程教学，主要体现在以下几个方面：

一、结合学生成长案例与数据，激发学生学习动力

（一）调研学生职业规划

开学第一课，借助于雨课堂平台，现场调研大三国贸专业本科生职业规划，问题设置为考研、出国、就业和其他四种类型，调研结果显示70%左右的学生选择考研，20%左右的学生选择出国，10%左右的学生选择就业和其他。调研结果发现，绝大部分学生选择考研，只有两名同学没有参与此次问题回答，这说明学生对未来的职业规划非常清楚，这有利于树立远大理想，实现自身的自我价值。此外，通过课后了解发现两名没有参加此次调研的同学一名是留学生，另一名是未带手机，该名留学生毕业后想回国发展，另一名未带手机的学生选择考研。由此可见，大三国贸专业学生对人生规划非常清楚。

（二）分析考研激烈竞争程度

尽管70%左右的学生选择考研，然而通过现场了解，学生对考研的竞争程度不甚了解，为此将教育部考研统计数据呈现给学生。据教育部数据统计，2018年考研报考人数达到238万，比2017年增加37万人，增长18.4%。其中，应届考生131万人，比2017年增加18万人，往届考生107万人，比2017年增加19万人。考研增加人数和增长率均为近年来最高。2019年再创历史新高增至290万人，比2018年增长21.8%。报考人数增加的原因有以下几点：一是招聘单位对人才的学历提出了新的更高要求，本科毕业生满足不了基础门槛；二是除应届毕业生外，往届毕业生考研数量呈现上升趋势。上述原因造成考研激烈竞争程度加剧。此外，结合学校2019年硕士研究生招聘和面试经验，2019年北京第二外国语学院国际商务硕士面试人选中60%以上是"复研"考生，这势必会增加应届毕业生考研

录取率，因此作为大三本科生应提早布局，这样才能在激烈的竞争中取胜。

（三）激发学生学习动力

面临激烈的市场竞争环境，作为教师有责任和义务给学生呈现劳动力市场的现状，让即将毕业的学生认清劳动力市场形势，找准目标，珍惜大学的宝贵人生经历，奋发图强，不断加强自我修养，提高自身的价值，在激烈的竞争中杀出重围，满足国家社会发展对人才培养的要求和高质量发展所需的人力资本需求，从而用自己的知识和能力来建设伟大的祖国。

二、了解国际服务贸易新政策，提炼政策内涵与外延

（一）明确国际服务贸易的重要地位

党的十九大报告明确提出促进全球价值链向中高端迈进。加快服务贸易发展，是实现价值链攀升的重要抓手，原因如下：首先，由于服务业附加值普遍高于第一产业和第二产业，发展服务贸易可以在全球价值链体系中赢得更高附加值；其次，随着信息技术快速发展特别是万物互联时代的到来，现代服务业正在更加广泛、更加深刻地融入到农业、矿业、制造业中，成为影响传统产业发展乃至社会管理进步的新引擎；最后，发展服务业，不仅可以为服务出口提供强大的产业基础，而且还能创造无数的就业岗位（如美国服务业就业占 86%）。可见在当今世界，服务贸易是产业进步的主要标志，是国际竞争力的重要体现，更是实现价值链攀升的必由之路。

（二）了解国际服务贸易新政策

经济进入新常态以来，为提升服务贸易的国际竞争力，大力发展服务贸易，其核心目标是稳定和增加就业、调整经济结构、提高发展质量效率、培育新的增长点。围绕该目标，密集出台了一系列服务贸易试点政策。例如，《国务院关于加快发展服务贸易的若干意见》（国发〔2015〕8

号)、《国务院关于司意开展服务贸易创新发展试点的批复》 (国函〔2016〕40 号)、《国务院关于同意深化服务贸易创新发展试点的批复》(国函〔2018〕79 号)。可见,大力发展服务贸易是未来宏观经济调控的重要方向。此外,服务贸易已成为北京第二外国语学院国际贸易学专业研究的特色方向,为服务于国家发展和北京"四个中心"建设,该校成立了服务经济研究院,学院成立了服务经济研究中心。

(三) 提炼政策内涵与外延

服务贸易的内涵和外延决定了其重要性。按照世贸组织《服务贸易总协定》,服务贸易包含商务服务、分销服务、金融服务、运输服务、通信服务、教育服务、健康服务、文化娱乐服务、建筑服务、环境服务、旅游服务及其他服务共 12 个大的部门,细分至 150 多个分部门。服务可以通过跨境交付、境外消费、商业存在和自然人移动等多种途径进行贸易。新常态后,密集出台的一系列试点政策,要求以习近平新时代中国特色社会主义思想为指导,全面贯彻党的十九大和十九届二中、三中全会精神,统筹推进"五位一体"总体布局和协调推进"四个全面"战略布局,坚持创新、协调、绿色、开放、共享发展理念,以供给侧结构性改革为主线,深入探索适应服务贸易创新发展的体制机制、政策措施和开放路径,加快优化营商环境,最大限度地激发市场活力,打造服务贸易制度创新高地。通过政策的解析,让学生深入理解政策的内涵和外延,不仅有利于推动出口、带动就业,实现外贸从"大进大出"向"优进优出"转变,而且有利于培育学生分析和理解国家经济政策的能力。

三、分析国际贸易理论与服务贸易理论,探寻其适用性

(一) 复习和拓展国际贸易理论

首先,以马克思、恩格斯的国际贸易理论为基础,分析国际贸易的形成。马克思认为,国际贸易是人类社会进步和经济发展的重要推动力。原因如下:第一,国际贸易是工业发展的必要条件,为工业的发展提供了充

足的资本、丰富的劳动力以及广阔的海外市场；第二，国际贸易使对外贸易交换国能够获取使用价值和价值的比较利益；第三，国际贸易可以使社会再生产过程中的各种比例协调起来，满足社会生产和消费的需求，改善社会经济结构和城乡居民生活水平。其次，介绍李嘉图比较成本理论，借助于案例解释"两利相权取其重，两弊相权取其轻"的经济学含义。再次，将经济学的理论知识运用到理论分析中。一方面复习了经济学的理论知识，另一方面加深了学生对经济学理论知识的典型应用。最后，分析了关税壁垒和非关税壁垒的经济效应。通过图文并茂和典型案例的列举让学生真正了解关税和非关税壁垒带来福利效应的变化。

（二）分析和完善国际服务贸易理论

依据国际服务贸易的内涵以及服务贸易的典型特征，分析国际服务贸易的具体特殊性，以比较优势理论来看，具体主要表现在：①服务的生产和消费的不可分离性决定了服务要具有规模效益的可能性很小，这就要求服务提供者要具有一定的经营管理优势和专业素质优势；②服务具有不可储存性，它必须在生产中被消费掉，因此有效地管理服务需求是决定服务贸易的又一个重要的比较优势；③服务产品的差异性要求服务提供者具有人员素质、管理、创新和差异化优势，而人力资本因素对于一国服务贸易比较优势的形成和保持显然起着重要作用；④相对货物贸易而言，服务贸易的生产要素移动要频繁得多，而传统的比较优势理论往往以生产要素不能在国际间自由流动为前提条件，这也是比较优势理论在服务贸易领域应用需要解决的一个问题。因此，根据服务贸易自身的特征来选择适合的理论框架和理论体系来分析问题，坚持马克思唯物论与辩证法统一的分析方法，一切从实际出发，实事求是地看问题。这要求我们在实际教学工作中善于根据矛盾的特殊性及其运动规律以及我国的国情具体分析服务贸易理论，在时代中发展和完善服务贸易理论，从而形成具有中国特色的服务贸易理论体系。

（三）比较和分析国际贸易理论的适用性

以比较优势理论为例，学术界存在三种主流的主要观点：①不适用论。原因包括：第一，传统的国际贸易理论有严格的假设条件，包括两国之间要素不能流动、需求偏好相似、完全竞争市场等，但这些假设条件不符合服务贸易的实际情况,许多服务贸易要依靠要素流动才可以实现。第二,服务产品及服务贸易具有的一些独特性质无法用货物贸易理论解释。②完全适用论。尽管服务和商品间有显著区别,但服务产品生产也存在着生产率的差异,各国要素禀赋不同也会导致各国服务产品生产成本的差异,从而导致价格差异和贸易的发生。③不完全适用论。更多的学者认为比较优势理论基本适用于服务贸易,但仍需要对比较优势理论进行模型扩展和修正。针对三种观点,在教学的过程中教导学生要敢于和善于提出质疑,要坚持具体问题具体分析这一马克思主义活的灵魂,结合我国服务贸易的发展现状和时代特征,把马克思主义基本原理运用到解决实际问题的具体实践中,从而回答和解决现实问题。

四、洞悉中国服务贸易进出口现状与问题,提出优化举措

(一) 中国服务贸易进出口现状

采用课下作业的形式让学生结合我国最新的国际服务贸易进出口数据(资料来源于国家外汇管理局)分析当下我国服务贸易的现状。采用此种方法的优势在于:①督促任课教师提前课前充分论证,明晰作业的简易程度和重要意义;②锻炼学生独立的文章撰写能力,培养学生逻辑思维能力;③提升学生自我学习的本领,积极融入当代经济热点问题的思考,了解国家服务贸易经济发展概况。通过学生展示发现我国服务贸易呈现不断发展的态势,服务贸易的比重已超过货物贸易,成为贸易的重要形式,因此研究服务贸易对推进中国全面开放新格局具有重要的政策含义。

(二) 中国服务贸易存在的问题

尽管服务贸易发展迅速,地位日趋凸显,但是服务贸易长期处于逆差状态,一方面说明我国服务贸易的国际竞争力有待提升,另一方面说明我国贸易产业结构有待完善。通过数据比较发现,在服务贸易逆差中,旅行

服务贸易、运输服务贸易逆差较大，加工服务贸易顺差明显，这说明我国服务贸易价值链处于中低端水平，国际竞争力不强，中低端的加工服务贸易存在比较优势。随着我国劳动力成本的提升，企业负担势必提高，为了进一步降低企业成本，优化产业结构，提高服务贸易国际竞争力，实现高质量发展，思考具体的解决举措是锻炼学生思考问题和解决问题的能力。

（三）解决问题的路径优化举措

针对中国服务贸易存在的问题，培养学生从总体和结构两个视角来分析具体问题，有助于培养学生分析和解决问题的能力。针对旅游服务贸易，一部分学生认为应该进一步发展旅游贸易，将中国元素和中国文化融入到旅游中，让国外游客在欣赏美景的同时，感受到中国深厚的文化底蕴和宝贵的优秀传统，不断吸引国外游客来中国旅游；另一部分学生认为中国与沿海接壤，具有得天独厚的海运条件，应不断增加研发投入，将互联网、大数据等现代化的手段运用到运输行业中，提升运输效率，实现运输服务贸易的快速发展，缩小逆差，从而促进中国经济高质量发展。

五、聚焦典型行业，培育学生家国情怀

（一）旅游服务贸易行业

旅游服务贸易，是指一国或地区旅游从业人员运用可控制的旅游资源向其他国家或地区的旅游服务消费者提供旅游服务并获得报酬的活动。旅游服务贸易与传统货物贸易相比，其最大特点是服务提供者通过广告、自我推销等形式"引导"消费者到自己所在地来购买（或消费）服务，就地商品出口、就地服务出口，其运行具有综合性和整体性。同时旅游服务贸易所涉及的国际旅游与国内旅游相比较，具有跨国性、高收益性等特点。旅游服务贸易对经济发展具有重要的促进作用，据统计：旅游消费对住宿业贡献率超过90%，对民航和铁路的贡献率超过80%，对文化娱乐业的贡献率超过50%，对餐饮和零售业的贡献率超过40%，旅游业增加值占服务业增加值的比重约为10%，而旅游服务贸易约占服务业进出口贸易的

25%。此外，旅游服务业是服务业的重要组成部分，是劳动密集型行业，在创造就业机会方面比其他行业更具优越性。在全球旅游服务贸易版图中，我国旅游服务贸易的地位日渐凸显。2017年全球旅游总人次达119亿，全球旅游总收入达5.3万亿美元。在2017年全球旅游总人次排名中，中国位列第一，印度第二；在全球旅游总收入排名中，美匡第一，中国第二。因此，我国的旅游服务贸易在国民经济发展中的地位愈发重要，成为推动产业融合、带动就业的重要支柱。

（二）文化服务贸易行业

文化服务贸易是指国际间文化产品与服务的输入和输出的贸易方式，是国际服务贸易中的重要组成部分，贸易一方向另一方提供文化产品和服务并获得收入的过程称为文化产品和服务出口或文化产品和服务输出，购买外方文化产品和服务的过程称为文化产品和服务进口或文化产品和服务输入。联合国贸发会议的数据显示，我国十几年来一直是全球文化创意产品的出口额第一大国，特别是"十二五"规划以来，我国在文化创意产品出口额前十名总和中占比一直超过四成，遥遥领先于世界各国，但与此同时，文化产品和服务的影响力却名不副实，几乎没有能够与美国的好莱坞和百老汇、日本动漫游戏、韩剧、意大利时尚设计等匹敌的文化产品和服务品牌。原因在于我国文化产品和服务贸易处于产业链下游的制造环节，其价值和利润较为薄弱，而在产业链上占据支配地位、附加值高、带动效应强的却是处于产业链上游的研发、设计、创意、创作等环节。因此，推动文化服务贸易提质增效是坚定文化自信的必然要求，也是解决人民日益增长的美好生活需要和不平衡、不充分发展之间矛盾的首要举措，正如习近平总书记在党的十九大报告中所提出的，既要满足人民这上美好生活的新期待，提供丰富的精神文化产品和服务，又要加强中外人文交流，推进国际传播能力建设，讲好中国故事，向世界展现真实、立体、全面的中国。

（三）运输服务贸易行业

运输服务贸易是指以运输服务为交易对象的贸易活动，即贸易的一方为另一方提供运输服务，以实现货物或人在空间上的位移。从广义上讲，运输服务贸易已不仅仅局限于人员或货物在一定空间内转移的服务，还包括与该服务相关的各项辅助性、支持性服务，如港口服务贸易、船舶租赁服务贸易、飞机修理与维护服务贸易、火车牵引服务贸易等。随着中国"一带一路"倡议的提出，自由贸易区、自由贸易港建设稳步推进，并取得显著的成效，这都离不开运输服务贸易。中国高铁成为中国名片，极大地增加国家自豪感，中国制造的 C919 问世，也标志着空运能力有了极大的提升，中国制造了世界第一艘千吨级纯电池推动载重船舶，同时标志着海运能力的提升。陆海空运输能力的不断提升，对于提高中国的国际地位，缩小服务贸易逆差起着至关重要的作用，作为新时代的有志青年，一方面应感受到祖国繁荣昌盛，国富民强，培养爱国主义情怀；另一方面在看到取得成就的同时还应看到差距，新时代青年更应奋发图强，精忠报国，为国家富强、民族振兴努力学习科学文化知识。

六、发挥德育意识和德育能力，增强教育的
亲和力与感染力

（一）以德育人，以德施教

作为高校教师应深知自己的使命和责任，以德育人，以德施教，培养具有大德大爱的新时代好青年。大学教师应将不断提高自身的道德修养作为自身的内心需求。要不断地进行自我教育、自我锻炼、自我改造、自我提高，自觉抵制和克服各种与教师职业道德要求相悖的道德意识。以身作则，从而影响学生深处的灵魂，挖掘学生的优秀品质，不断发扬和继承老一辈无产阶级革命家的优良作风，不怕苦、不怕累，听党的话，跟着党走，成为新时代社会主义建设的有为青年。

（二）传播思想，传播真理

作为高校教师的重要使命是向学生传播思想和真理，培养学生的真才实学，提高学生的专业技能，增强学生的理论素养。课前认真备课，查阅相关文献资料并结合中国国情讲授国际服务贸易在中国的适用性及不足，

采用辩证的思维方式看待问题。理论知识随着时间的推移是不断变化发展的，高校教师应与时俱进，砥砺前行，让真善美的种子在学生心中开花、结果。坚守教师的初心和使命，培养学生的求知欲和探寻真理的兴趣，为学生负责、为学校负责、为国家负责。

（三）关爱学生，关心成长

作为教师在传播思想和真理的同时，还应当关心学生的生活，不断了解学生的思想变化。利用课前课后的时间主动与学生沟通，在了解学生学习的同时，不断了解学生的生活，解答学生疑惑，成为学生的朋友。真正做到课上是老师，课下是朋友，增加师生的亲和力。例如，学生问到考研与出国的选择、同学关系的相处、人生规划等具体问题时，老师应利用课余时间，引导学生，感化学生，关心学生，帮助其尽早摆脱困扰，培育学生爱党、爱国、爱家、爱校的优秀品质。

人才培养模式

科技变革与价值观引领下的国际服务贸易人才培养模式创新研究[*]

王海文[①]

一、科技变革、价值观引领与国际服务贸易人才培养

一方面，从外部环境看，时代和社会的变迁对价值思潮产生了重要影响，尤其值得关注的是随着科技的发展，教学技术和手段的日新月异，为人才培养和价值观塑造提供了更丰富的手段和方式。恰如当下以互联网、大数据、人工智能等为代表的科技变革浪潮正在深刻改变着人类社会的生产方式和生活方式，包括国际服务贸易的发展以及对相关人才的需求与培养。另一方面，从教育主体，无论受教主体还是施教主体看，他们的成长历程、个性特点、教育专业背景等都在发生变化。价值观塑造与引领成为人才培养培育的重要环节和目标，对于培养什么人、怎样培养人、为谁培养人具有极为重要的意义。因此要回答人才培养的时代之问，就需要既有灵魂和核心，有"远方"的目标，又要因时而变，紧随形势发展推动人才培养的创新。就国际服务贸易人才培养模式而言，既要遵循现代教育发展规律，以先进教育思想与理论为指导，又要结合国际服务贸易自身的特点和行业规律制定科学的培养目标，探索形成科学适宜的教学内容、课程体

* 本文为北京第二外国语学院 2020 年党建思政（德育）专项课程思政立项重点项目 "推进研究生专业课程知识传授与价值观塑造有效结合的路径研究" 的阶段性成果。

① 王海文（1977-），山西人，复旦大学经济学博士，北京第二外国语学院经济学院教授，经济学院副院长、硕士生导师，国家文化发展国际战略研究院和首都对外文化贸易研究基地研究员，中国服务贸易协会专家委员会副理事长。

系和评估方式。无论从理论研究还是现实实践，科技变革、价值观引领对国际服务贸易人才培养都产生了多方面的重要影响。

（一）科技变革和价值引领催生国际服务贸易人才培养的新理念

国际服务贸易所涉行业领域复杂多样，既有劳动密集型行业，也有资本和技术密集型行业；既有与生产紧密相关的行业，也有与生活和公共服务密切联系的部门。每个行业部门虽然属于服务贸易领域，但是部门、行业之间的差别巨大，难有统一的标准来衡量服务产品品质。更重要的是服务产品的无形性、生产与消费的双向互动性，以及如文化服务、教育服务等与意识形态紧密相关，而金融服务、电信服务、公共服务等涉及国家安全问题，在使服务产品的可贸易性降低，却为科技的应用提供巨大空间的同时，也凸显出价值引领的重要地位和作用，并创造着更加丰富的途径。

以教育服务为例，互联网所推动的远程教育的发展使"通识"教育理念成为可能。无论何时何地，教育都可随时进行。不仅如此，"以学生为中心"的课堂因科技的介入将进一步拓展；以"通识"教育理念指导的宽口径、厚基础的教育在国际服务贸易人才培养上更加突出。未来横跨社会科学、自然科学等不同领域、不同产业、不同专业学生的择业，可以转向国际服务贸易，形成以社会需要为导向，能够适应快速变化的社会经济，从而实现以不同功能服务为特征的多种职业复合的高端人才培养的目标。在此过程中，价值观塑造的重要意义和作用也更为突出。其原因在于，价值观的塑造和引领本来就是教育的重要任务和价值取向，而在快速发展变革的时代，价值观受到社会思潮、环境等更强烈的影响、冲击，就更需要发挥价值引领在培养什么样的人、为谁培养人中的中流砥柱的作用。不仅如此，科技变革也成为价值观塑造和引领的重要推动因素，科技伦理、科技价值等在丰富着价值观的内涵，也对怎样培养人发挥着全方位的影响。伴随国际服务贸易人才规模的不断扩大以及各行业领域的繁荣，这在相关人才培养中将有更加充分的体现。

（二）科技变革和价值观引领增强国际服务贸易人才培养模式创新动能

人才培养既要重视从中短期实现培养的阶段性目标，又要以"百年树人"和为社会主义培养优秀建设者和接班人的理想信念增强人才培养创新探索的内生动力。一方面，要紧随社会形势和科技发展，以社会需要为导向，增强国际服务贸易人才培养适应社会发展的动力和能力；另一方面，要以前瞻性的战略视野提升国际服务贸易人才培养的主动性和内在动力，实现自我革新和自我发展。

当前科技变革的浪潮不仅对国际服务贸易人才培养提出了新的要求，也为人才培养模式创新提供了新的动能。以金融、电信、运输、批发零售等行业领域服务贸易为例，国际金融合作的加强以及互联网金融的发展、5G 技术的应用对于电信服务贸易的促进，高铁、快递、国际班列的开通等，都要求相关领域国际服务贸易人才培养模式要紧跟实践快速发展，不能脱离实际，反应迟滞。只有增强自身创新变革的主动性，才能在日益激烈的人才培养竞争中处于有利地位。

如果说科技变革带来外在社会环境变化以及科技服务行业发展，从而增强国际服务贸易人才培养模式创新动能，那么价值观引领则是由内而生，成为国际服务贸易人才培养模式创新的主线、灵魂和核心，以及创新的源源不断的动力和源泉，需要始终贯穿在人才培养的全过程。正确的科技观本身就应该成为世界观、价值观的重要因素和构成部分。更何况作为国际服务贸易重要领域的科技服务、知识产权服务，其创新发展和交易利用必须要以正确的价值观为引领，使其真正成为人类社会进步繁荣、社会主义中国建设发展的重要推动力量。从这一层面看，科技变革与价值观引领在国际服务贸易发展以及人才培养创新中具有高度的统一性和一致性。

（三）科技变革和价值观引领促进国际服务贸易人才培养模式差异化探索

国际服务贸易各行业领域的差异性是国际服务贸易人才培养模式差异化探索的基础。按照世界贸易组织的相关分类，国际服务贸易包括 12 大类，150 多个分部门。各个部门有着独特的行业特征和发展规律，之间的差异性很大。例如，文化服务贸易与其他金融、设计、咨询等服务行业有着很大的不同。同时科技在国际服务贸易各行业中的应用程度和方式也各不相同。因此，需要在培养国际服务贸易人才过程中，依据国际服务贸易各行业实际情况，既要注重基本概念、基础知识、重要理论和政策的讲授，同时要结合科技变革的促进和应用，依据不同的人才培养目标，推动差异化国际服务贸易人才培养模式的探索，从而使人才培养更加符合国际服务贸易发展的趋势和要求。

不仅如此，在价值观引领的实践中，社会主义核心价值观要作为国际服务贸易人才培养的价值统领，同时又要结合国际服务贸易行业领域的差异以及人才培养的特色，形成适应行业发展的具体价值观引领。由此价值观引领既具有统一性，也有差异性，其伴随社会主义建设实践和新时代发展，内涵将更加丰富，由此必将体现在具体的人才培养实践中，促进包括国际服务贸易人才在内的培养模式的差异化探索。

（四）科技变革和价值观引领提供国际服务贸易人才培养模式创新条件

当下国际服务贸易人才培养模式的创新面临着重要的时代机遇和条件。科技首先作为要素渗透到服务行业，提升服务业和服务贸易效率；科技服务本身也是服务的重要行业领域。科技变革不仅催生出新的服务贸易行业领域，呼唤新的服务人才，而且也为国际服务贸易人才的培养提供物质基础和技术条件。在此过程中，价值观引领的作用更加突出。要想形成未来服务经济社会的"服务意识"，必须要将价值观的引领贯穿其中，既培养适应服务型经济社会发展要求的人才，又促进健康服务市场的形成，且培育壮大具有服务消费意识的人群，从而为国际服务贸易人才培养模式创新开辟更广阔的社会空间。

二、高校国际服务贸易人才培养中的科技应用与价值观引领的有效结合

在国际服务贸易人才培养模式创新探索中，科技有着多层面和极为广泛的应用，价值观引领同样要浸润于其中。本文就高校国际服务贸易人才培养中的几个重要环节简要分析科技的应用与价值观引领的有效结合。

（一）教学资料

随着科技在教育领域应用日益广泛深入，教学资料的准备、相关内容、呈现方式、效果等都呈现新的变化，价值观引领在教学资料中的体现

也在发生变化。就高校教育而言，面对本科及以上学历的学生群体，专业性更强，在教育科技和价值观引领中的空间更大，途径更广阔。国际服务贸易人才培养在教学资料等各方面可以充分利用科技，强化与价值观引领的结合，加强教学资料的丰富性、多样性、灵活性、及时性，体现教学资料从准备到生成、传播等各环节的价值观渗透和教育，包括诚信、知识产权保护、伦理道德、国情教育、社会主义核心价值观的统领。事实上，教学资料所包括的内容非常丰富，且也在不断拓展，教材、课件、试题、辅助读物、案例、研究论文、大纲、教案、教学计划等都是基本的教学资料，而多媒体、音像、场景、实物等都可以成为重要的教学资料，其在形式上不仅要更符合教育环境、实践发展，在内容上更要体现时代变化、行业进步和创新。科技则既可以改变教学资料的存在形式、呈现方式和传播渠道，还可以拓展教学资料获得途径，并且使价值观教育具有更加丰富的载体。

针对国际服务贸易，无论从行业类别看，还是从所涉价值链环节看，其所包含的内容极为广泛。深入了解各行业发展以及包括理论、政策、国际协定等内容，互联网、电子数据库、远程课堂、云存储平台等成为教学资料形成、传播的重要科技支撑，而"服务+科技"同样是国际服务贸易人才培养中的重要内容。特别是服务贸易行业领域存在着更为明显的信息不对称、道德风险、意识形态、国家安全等问题，并且伴随数字服务贸易的发展，情况会更加复杂，急需将商业伦理、科技伦理、国家意识、安全意识等纳入到教学资料和人才培养的全过程中，使价值观引领更能适应科技的变革以及在国际服务贸易领域中的应用和发展。

（二）教学手段

同所有其他课程的教学手段改进一样，国际服务贸易教学过程中的教学手段也在发展变革。口头语言、书籍、教材、电子视听设备以及多媒体网络技术等的使用也是科技在教育教学中应用发展的过程。现代化教学手段恰是科技发展推动的结果，幻灯机、投影仪、录音机、录像机、电视机、计算机等进入课堂，利用手机上的微信以及其他 APP 功能加强课堂的实时互动交流，运用互联网进行多媒体教学资料的现场展示，运用云课堂推动多形式教学等。科技变革和应用不仅使教学手段更加丰富，提升了教学质量和效果，而且也使价值观教育更加生动，途径更加多元。价值观教育和引领不仅仅体现在教学资料和内容中，也需要运用多样有效的手段实施，使形式更加丰富，效果更加生动有效。结合国际服务贸易，其所涉及的行业领域众多而且差异性大，教师难以对日新月异的所有行业都能及时掌握，因此更有条件和动力运用现代科技手段优化课堂教学手段，同时运用科技手段和途径提升价值观教育和引领的水平，使"科技+服务+价值观"引领更加密切结合起来。

（三）教学方式

教学服务是服务的一种，同样是无形的，除了将服务通过录像录制进行保存，通过网络传播或者直播外，面对面的教学交流是重要也是很主要的方式。这就要求在具体教学过程中，要切实贯彻"以学生为中心"的教学理念，并以社会主义核心价值观为统领，具体教学方式要更加符合国际服务贸易课程的教学内容。从课程内容来看，基础知识、基本理论、政策协定等需要以教师讲授为主，要将家国情怀、正确的主流思想以及职业选择等融于其中，引导学生关心国家发展、百姓生活，提升自身的政治思想修养，而涉及行业部门则更应该发挥学生学习的主动性，提升他们搜集资料、团队合作，进行探索式、研究式学习的能力，培养敬业、诚信等重要品质。同时在教学过程中，将线上、线下教学，网络课程、慕课、雨课堂、远程视频会议学习交流等充分利用起来，拓宽学生的视野，从而取得更好的教学效果。

（四）实践教学

同样因为国际服务贸易行业多、差异性大而且日新月异，与现实服务贸易各行业领域有着极为密切的联系。可以这样说，学习国际服务贸易，如果仅仅了解和掌握了基本概念、理论和政策，而对于具体行业一知半解，甚至忽视，那就没有真正深入国际服务贸易的基础，不能深刻了解国际服务贸易的行业特征和规律，也不能培养学生面向实践和社会发展的职业素养和能力，相关理论知识也处于悬浮状态。因此，一定要加强实践教学和各行业、各企业部门的联系和合作。通过实践，可以更加了解服务行业领域的生产、生活，发挥远程实践教学的优势，且与现场教学很好地结合起来。更重要的是不仅仅学校教师要做到言传身教，实践教学中的产业导师和专家同样要在教学中强化学生服务意识、实践劳动意识、团结合作意识等，并且可以利用将实践教学通过科技的手段形成教学资料或加强实时互动交流。

总之，无论从国际服务贸易所涉行业领域状况、自身特征还是科技变革的影响等多方面看，科技服务既是服务业和服务贸易的组成部分，又推动着国际服务贸易的创新发展。然而国际服务贸易中的金融、电信、文化、教育等多个行业又与国家安全、意识形态等有密切联系，因此必须加大价值观的引领，确保国际服务贸易人才培养能够沿着正确的轨道行进，从而回答好人才培养的时代之问。这也成为国际服务贸易人才培养过程中科技应用与价值观引领必须也能够实现有效结合的重要基础和立足点。

三、科技变革与价值观引领下的国际服务贸易人才培养模式创新的途径

基于上述分析，本文从未来社会发展的高度，跳出高校教育的层面，从全社会国际服务贸易人才素质、能力和发展潜力的角度，提出在科技变革与价值观引领下的国际服务贸易人才培养模式创新的途径。

（一）做好国际服务贸易人才培养模式创新的顶层设计

国际服务贸易人才培养，不仅指学过国际服务贸易这门课程的学生，或者以国际服务贸易作为专业，或者专门撰写过国际服务贸易研究论文的人士受到相关训练，同时包括面向未来社会满足从事国际服务贸易有关工作人才需求所做的一系列投入活动。无论何种专业背景，如农学、工学、理学、医学、社会科学等，都可以成为国际服务贸易专业人才。其重要原因在于，服务的环节，包括研发、设计、管理、咨询、营销、公共服务等都体现在社会经济发展以及各行各业各环节中。因此，要跳出国际服务贸易课程以及相关专业来看国际服务贸易人才的培养。进言之，每一个人都有从事国际服务贸易的机会和潜力，都有开拓自己职业发展空间的可能。国家在国际服务贸易人才培养过程中，要坚定以社会主义核心价值观为统领，用更开放的视野，更灵活的方式鼓励和支持国际服务贸易的教育、教学、培训，可以按照不同的人才培养目标，设置多元化的人才培养模式，

不仅将价值观引领充分体现在人才培养方案的总目标、总要求中，还要体现在每一门课程以及课程教学、实践教学和学生指导的各个环节中，设置不同价值维度，探索多元化实现路径。在此过程中，充分发挥科技的作用，实现不拘一格的国际服务贸易人才培养格局。

（二）推动服务贸易人才以价值观引领的综合能力提升和发展潜力培养

无论从行业领域的多元性还是产业链所涉及服务的多环节性，国际服务贸易人才在各行各业都能够发挥重要的作用，而不是仅仅有经济学学科背景、学过国际服务贸易相关课程或接受过有关培训的人才可以或能够承担国际服务贸易有关工作。在科技变革和价值观引领下的国际服务贸易人才培养模式创新要着眼于服务未来中国社会经济发展，将社会主义核心价值观内化于心、外化于行的专业人才培养，提升其社会服务综合能力和发展潜力。这是立足于未来服务经济和服务型社会所需要的复合型人才的要求所做出的重要战略选择。然而科技要为不同专业、不同领域的人士学习服务贸易相关知识、提高服务综合素质和能力提供便利、提升效率，能够为价值观的引领保驾护航，增强效果。

（三）加强科技和价值观引领在服务贸易人才培养政产学研协同合作中的作用

国际服务人才培养显然不是由单个部门能够实现的，其需要发挥人才培养各方的力量，实现人才培养的协同合作。政产学研协同合作在各类人才培养过程中都发挥着重要作用。然而对于国际服务贸易人才而言，相关服务涉及政产学研各部门，本身是国际服务贸易的重要形式和组成部分，因而更需要紧密协作，推动国际服务贸易人才培养模式的创新。科技作为服务的一种形式，对促进"科技+"以及服务各领域内部的融合有着积极意义。要充分发挥科技推动协同合作平台建设的作用，在价值观引领方面增强政府、业界、学界等不同功能，使服务贸易人才培养在更广阔的平台和空间实现联动与信息资源共享，实现价值观引领的社会培养体系，从而更能以德才兼备、社会需要和能力提升为导向，创新人才培养模式，提升培养质量。

（四）建设国际服务贸易人才培养的科技化特征和价值观引领彰显的课程体系

就目前高校国际服务贸易人才培养而言，要持续推进科技化特征和价值观引领彰显的国际服务贸易课程体系。目前，我国国际服务贸易人才培养，规模依然很小。在培养国际经济与贸易本科人才以及国际贸易学研究生层次人才中，仅是以单一课程形式介入，并且仍然沿用货物贸易的相关理论和人才培养的理念，这不能适应国际服务贸易蓬勃发展对相关人才的要求。此外，在国际服务贸易人才培养过程中，科技化特征仍然不能紧随服务行业发展态势，在教育教学过程以及教学资料、教学手段、教学方式和实践教学等环节中的创新探索有待加强。因此，需要进一步创新国际服务贸易人才培养理念，系统探索国际服务贸易人才培养的价值观体系和实现方式，探索科技变革在助力人才培养中作用发挥的途径和方式，使科技化特征和价值观引领在国际服务贸易人才培养中树立典范。

参考文献

[1] 李盾. 我国国际服务贸易专业人才培养探索 [J]. 对外经贸，2014（4）：131-133.

[2] 黄慧霞，李军，谢长青.《国际服务贸易》课程教学改革研究 [J]. 教育教学论坛，2019（18）：152-153.

[3] 中国服务贸易协会. 中国服务贸易创新发展研究报告 [M]. 北京：对外经济贸易大学出版社，2019.

"一带一路"倡议下外语类院校国际贸易专业特色人才培养模式研究*

孙乾坤　刘一姣①

一、引　言

"一带一路"倡议是中国主动应对全球经济形势的深刻变化，统筹国际、国内两个大局而做出的重大决策，为中国高质量、全方位开放提供了新的发展空间，其已成为促进中国富裕产能有效转移，实现与沿线各国互利共赢的重要平台。随着"一带一路"各项政策的逐步推进和落实，中国与沿线国家的社会经济交往愈加密切与频繁。然而，"一带一路"沿线国家数量众多、类别较广，官方语言达 50 多种，且各国之间有着不同的社会文化背景、经济制度和贸易政策。这就使中国在与"一带一路"沿线各国开展贸易与投资往来的过程中，面临着较大的复合型、多语种国际贸易类人才缺口。

这一现象已越来越受到各大财经类院校的关注与重视，"英语+国际贸易"的复合型培养模式已成为长期以来高校人才培养的一致标准，但这一教学模式尚不能满足"一带一路"倡议对其他多语种国际贸易人才的需

* 本文转载于《教育现代化》期刊 2020 年 10 月第 88 期第 60-65 页。基金项目：北京第二外国语学院教育教学改革研究项目"国际贸易专业理论和实践相结合的教学模式探究"（项目编号：200472）。

① 孙乾坤，北京第二外国语学院经济学院讲师，博士，硕士生导师，研究方向：国际贸易、对外直接投资；刘一姣，北京第二外国语学院经济学院讲师，博士，研究方向：国际贸易。

求。而对于外语类院校的国际贸易专业而言，则应充分发挥自身多个语种、多元文化的培养优势，在"一带一路"建设背景下积极打造具有创新性及自身特色的人才培养方式，构建契合国家经济发展之需的人才知识结构。《国家中长期教育改革和发展规划纲要（2010-2020）》提出，要培养大批具有国际视野、通晓国际规则、能够参与国际事务和国际竞争的国际化人才。这一纲要对国际贸易专业的人才培养做出了清晰界定，并对各高校培养高级复合型人才以及提升中国的教育国际化水平提出了新的要求。可见，在经济全球化纵深发展及中国全面对外开放的新时代，国际贸易类人才不仅应当全面了解当前的国际经济形势，知晓各国的产业发展政策，还应当具有较高的国际贸易谈判能力，以及与各语种国家进行有效沟通和深层次贸易对接的交流能力。

目前，中国设立国际贸易专业的高等院校已达800多所，但大部分高校设立的国贸专业在课程设计、教学组织、教学内容等方面还存在着市场针对性不足的现象，从而导致该专业的人才培养未能有效迎合中国社会经济发展的实际需求。同时，在"一带一路"沿线国家所涉及的诸多语种当中，中国高校已开设的外语专业仅包含其中的20多种，与当前同沿线国家频繁经贸往来的语言需求仍相差较大。随着经济全球化的深入发展，中国开放的大门只会越开越大。然而，从中国的人才市场供给来看，既具备较高英语水平和精湛的小语种技能，又具备扎实国际贸易专业知识的高级别复合型人才却相对紧缺。这导致在市场开拓、研发设计、商务谈判和项目管理的过程中，中国企业常常受到多方面的制约。在此背景下，如何顺应"一带一路"倡议的发展趋势，响应国家的整体发展战略，打破传统的教学模式，以培养兼具绝对语言优势与精湛专业能力、适应国家发展需求与复杂国际经贸环境的高层次复合型人才，已成为中国外语类院校国际贸易专业亟待探索和解决的问题。

二、在"一带一路"倡议下市场对国际贸易专业人才的需求方向

"一带一路"沿线国家不仅市场规模较大，而且经济与中国高度互

补，具有较为广阔的贸易投资前景。随着该倡议的逐步推进，中国与沿线国家开展经贸往来的企业大量增加，合作领域和范围不断拓宽，对国际贸易专业人才的需求量也在不断上升。然而，"一带一路"沿线各国在历史传统、语言文字、社会制度及风俗文化等方面存在着较大的差异，这就致使就业市场对中国国际贸易专业人才需求的质量有所提升，在新形势下中国国际贸易专业人才所必须掌握的技能越来越多。

（一）拥有复合型知识和语言优势

当前，"一带一路"倡议已得到约 160 多个国家或地区的积极响应和国际社会的高度评价。在与这些国家或地区开展贸易投资往来的过程中，不仅要求从事国际贸易的人员具备扎实的专业知识，而且要求他们对贸易伙伴国的语言、法制、传统文化等方面都要有深入的了解。尤其是在语言的沟通方面，更需要具备较高水平的交流、翻译和写作能力，"一带一路"沿线国家涉及的语种众多，语言互通已成为"一带一路"互联互通的基石。

因此，在全面提高开放型经济水平的背景下，熟练掌握外语，理解贸易伙伴国的语言已成为如今国际贸易人才必须具备的技能。自改革开放以来，中国的贸易伙伴国大多限于使用英语、日语或法语的国家。自从 2013 年提出"一带一路"倡议之后，中国与"一带一路"沿线小语种国家的国际贸易和投资合作程度不断加深，对国际贸易专业人才的语言要求进一步提高。企业在开拓海外市场的人才需求方面，越来越多地偏好于既精通国际贸易政策与实务、国际市场营销与管理，又通晓多种小语种的复合型国际化人才。对这些人才的聘用不仅有利于减少企业与"一带一路"沿线国家的语言沟通成本和文化隔阂，而且能够更为直接、有效地促进"一带一路"沿线国家对中国文化的认同。

（二）具有国际视野和创新精神

随着经济全球化进程的逐步加深和"一带一路"倡议的不断推进，中国参与多边贸易活动、对接区域合作规划、开展经贸合作谈判等方面的事务越来越多，对国际贸易专业人才的国际化视野要求也越来越高。一方面，要求国际贸易从业人员应当熟悉国际法则、知晓国际事务解决流程、积极关注国际政治经济形势，并动态掌握国际文化的发展方向；另一方面，要求国际贸易从业人员在全球化问题上应当具有长远的国际视野，能够有效运用国际化思维看待问题、研究问题和解决问题。这是在"一带一路"倡议下企业"走出去"对国际化人才需求的重点方向。

此外，由于各国的政治、经济、文化以及语言与中国存在着歧异，在"一带一路"倡议提出之前，中国与部分发展中小国的经济往来并不密切。所以，在目前的对外贸易过程中，就可能会出现诸多之前所完全没有遇到过的情况。这就进一步需要从事国际贸易的人员具有一定的创新思维，能够依据不同国家的实际国情做出不同的判断，而不是一味地照搬以往的从业经验。因此，为了解决与"一带一路"沿线国家间开展贸易投资的过程中可能出现的各种新的状况和问题，更好地实现中国的高质量开放，企业对于国际贸易从业人员创新精神的要求也正在逐步上升到一个新的高度。

（三）具备跨文化沟通和实际应用的能力

"一带一路"建设贯穿东盟、西亚、南亚、中亚、独联体和中东欧等多个区域，涉及不同的宗教信仰和文化背景。不同国家的外贸实际操作与标准的业务流程很可能有所不同，这就需要从事国际贸易的人员具有灵活变通和跨文化沟通的能力，以适应不同的外部环境和贸易流程，应对可能出现的各种不确定情况，在争议与冲突中找到双方的相通之处和利益平衡点，进而促进双方共同达成业务目标，并为后续加强合作创造前提条件。由于外贸工作是一项实践性很强的工作，衡量国际贸易从业人员能力的一个重要方面还在于，其能否将所学的知识运用到实际的操作中去，唯有理论和实践有机结合才能大幅提高企业开拓海外市场的效率。因此，在"一带一路"背景下，扎实的应用和操作能力已成为企业和用人单位的重点考察内容。

（四）具备不断学习和自我提升的品质

"一带一路"倡议各项政策的逐步落地实施，给中国企业的国际化经营带来了新的机遇。无论是在管理、技术还是在实际业务操作方面，中国企业都在日新月异地更新和发展。在此背景下，从事国际贸易的专业人才唯有具备较强的学习能力和自我提升的品质，才能在处理国际贸易现实问题的过程中不断积累经验和教训，从而不断地完善自己。因而，能够不断学习新兴事物，逐步深入了解"一带一路"沿线国家的社会经济发展背景，以更好地助力所供职的企业与"一带一路"沿线各国之间的贸易往来，这已成为当前国际贸易人才适应复杂国际经贸形势的必备素质。

三、中国外语类院校国贸专业人才培养的现状及问题

（一）外语类院校国贸专业的人才培养现状

在目前的全国高教系统中，开设国际经济与贸易专业的院校既包括综合类院校、财经类院校、师范类院校、理工科类院校，还包括外语类院校，不同类型高校的国际经济与贸易专业人才的培养模式有所不同，各自的比较优势也不尽相同。从外语类院校来看，国际经济与贸易虽然并非其主流学科专业，但却是其必不可少的一部分。外语作为一种语言工具，可有效地服务于国际经济与贸易学科。也正是外语类院校这种独特的语言优势，使这些院校的国际经济与贸易专业打造出了一套自身的特色人才培养模式。

对于多数外语类院校来说，在语言教学的资源方面，不仅仅包含多种类型的语言教学，还涵盖对相关跨专业课程的传授。其主要的培养定位在于培育复合型国际化人才，一方面强调学生掌握跨文化口语翻译、商务同声传译、外语商务谈判等语言方面的技能；另一方面重点培养学生在国际贸易实务、国际结算、国际贸易理论与政策等专业知识方面的能力。致力于使培养出来的毕业生能够以外语和专业双重优势立足于复杂的国际贸易环境中，也正是国内诸多外语院校的优势所在。

从培养方案来看，国内的八大外语类院校①尽管对各自教育理念的表述有所不同，但其教育理念的核心内涵均是要构建与人才培养目标相匹配的多元化人才培养模式，即应培养学生达到掌握国际贸易基本理论、熟悉国际贸易规则、能够从事与国际商务谈判和进出口业务相关的活动、具备

---

① 八大外语院校分别指（排序不分先后）：北京外国语大学、广东外语外贸大学、上海外国语大学、北京第二外国语学院、西安外国语大学、四川外国语大学、天津外国语大学、大连外国语大学。

一定外语能力的标准。此外，外语类院校均设立了导师制、学分制、实习制以及日常管理等多种教学制度，既最大限度地保证了教育教学的全面性和严格性，又保证了因材施教、精准施策的灵活性。总体来看，国内外语类院校国际经济与贸易专业人才培养模式理念基本符合时代要求与现实需要，其不仅重视国贸专业知识的传授与实务技能的培养，同时还重视语言能力的提升，课程结构较为合理，正逐步从强调基础能力培养向专业能力培养过渡，并遵循国贸专业人才培养的基本规律，以相关配套制度保障高水准教学的顺利开展。

（二）外语类院校国贸专业教育教学存在的问题

1. 双语或多语种教学力度不够，缺乏外语与实践的有机结合

在经济全球化和"一带一路"倡议的大背景下，中国对国际贸易专业人才的需求已逐渐转变为多元的复合应用型人才。学生不仅需要熟练掌握国际贸易理论、国际贸易实务知识体系以及国际商务谈判的沟通技能，还需要具备理解多种语言以及多元文化的能力。外语类院校的国贸专业可以充分发挥自身优势，实施双语或多语教学，形成学生在人才市场上独特的竞争优势。然而，从目前外语类院校的培养来看，对国际贸易专业学生的培养还存在着一些问题。

一方面，外语课程和专业课程的教学相分离，学生的外语应用能力相对较弱。针对国贸专业学生开设的外语类课程，其初衷在于培养学生双语或多语环境下的专业技能，但在现阶段，部分外语类高校开设的双语类课程将"外语"和"专业课"分割开来，使双语种或多语种难以在其日后的工作领域得以有效应用，偏离了开设这类课程的初衷。另一方面，外语教学侧重于读写，忽视了听说能力。由于考试模式的固化，众多学生在课外较少使用外语进行真正的交流，目前中国学生在外语学习中普遍存在着读写能力强、听说能力弱的特点。然而，对于国贸专业的学生来说，在实际工作中，利用外语进行商务谈判与沟通是必备的工作技能之一。从当前外语类院校国贸专业的培养模式来看，部分高校在提升学生将外语应用于外贸业务实操的能力方面，还存在着一定的不足之处。

2. 教学内容与就业的衔接不够紧密

"一带一路"倡议为中国企业带来了与更多国家开展贸易投资合作的

机会，尤其是与诸多小语种国家之间的经贸往来变得愈加频繁。然而，当前中国外语类院校国际贸易专业学生的多数外语课程依旧停留在英语课程的教学上，这一模式未能充分发挥外语类高校相对于财经类或综合类高校的比较优势。近年来，随着"一带一路"倡议各项政策的逐步落实，中国与沿线国家之间的贸易总量也在不断提升，企业为顺应国际形势的发展，设置了较多小语种就业岗位，但小语种专业的毕业生由于缺乏相应的国际贸易专业知识，在工作过程中往往会出现较大的问题，而具有较强国际贸易知识背景的专业人才又可能会因语言沟通的障碍而大大降低其所从事的外贸工作的效率。因此，外语类院校的国际贸易专业在培养人才的教学内容和课程设置上与现阶段企业的岗位需求尚未达成有效的衔接，有待进一步改进。

此外，无论是外语类院校还是财经类院校，对国际贸易专业知识的教学及使用的相关教材大多是以发达国家的商贸习惯和文化特征为背景的，对于如何与发展中国家开展贸易投资往来的相关介绍相对较少。同时，任课教师在教学过程中所使用的案例也多以美国、英国或其他欧洲国家为主，这致使学生对发展中国家的贸易投资环境了解得不够全面，学生将来在运用理论指导实践的过程中就可能会出现偏差。比如，"一带一路"倡议提出以后，中国与印度尼西亚、缅甸、菲律宾、印度等东南亚国家的贸易合作愈加密切，然而在教学当中，关于这些国家的政治环境、经济基础、产业背景、制度环境等方面的案例却很少。

3. 特色化优势不明显，难以在就业竞争中胜出

外语类院校毕业的国贸专业学生在与其他院校尤其是财经类院校的毕业生进行竞争时，具有外语能力强或具备一定的小语种优势，但也存在着专业基础能力相对薄弱的劣势。财经类院校依赖其雄厚的教学资源可与多个外贸企业建立校企合作关系，进而建设多个国贸专业的校外实习基地，为学生实践课程的开展提供优越的条件。然而，这种合作形式在外语类院校中并不普及，并且在当前外语类院校现存的实习基地中，还存在着企业规模相对较小、专业针对性不强的问题。

大部分外语类院校合作企业所提供的实习岗位，大多是以翻译等语言类工作为主，这使国贸专业的学生难以在对口的专业岗位上进行实习，从而导致大部分国贸专业毕业生并不能全面地了解国际贸易的实操工作，很

多学生在参加工作以后，往往无法快速适应外贸企业或国家部委等单位的工作要求，从而出现跳槽或换岗的情况。通过上述现象可以看出，外语类院校国贸专业的培养模式在强调自身特色的同时，在一定程度上忽略了对扎实的专业功底和实践能力的培养。理论课程和实践课程的比例安排失调、教学方式的安排过于单一、师生互动程度不足等诸多问题的存在使外语类院校国际贸易专业的特色优势未能显现，学生在就业市场上的竞争力相对不足。外语类院校应当根据当前经贸形势的变化和社会需求的改变积极做出调整和完善，打造自身具有比较优势的培养模式。

4. 实验室和设备等教学资源相对短缺

相比于生物、工程、计算机等专业实验室建设的完备性，人文与社会科学学科的实验室建设不够充分，外语类院校国贸专业的实验室则更为短缺。现阶段，多数外语类院校国贸专业的教学模式依旧停留于传统的授课模式即"PPT+板书+课本"的模式，学生的实操能力难以得到有效训练。例如，随着跨境电商的兴起，第三方支付的结算方式成为国际贸易实务中的新课题（南雪峰等，2019），学生不仅需要掌握新的国际结算理论知识，还应通过软件模拟等方式进行实操训练，这样才能更好地适应现阶段的对外贸易工作。

四、在"一带一路"倡议下外语类院校国贸专业特色人才培养模式设计和思考

"一带一路"倡议给外语类院校国际贸易专业人才的培养带来了新的挑战和发展机遇。外语类院校具有多语言、多文化的传统教育优势，旨在培养具有扎实的专业知识和较强的语言技能、具有全球化视野和跨文化沟通能力、具有爱国情操和人文素养、具有社会责任感和团队合作精神、具备创新精神和创业能力的复合型人才，其与国际各高校之间有着广泛的交流合作机会，能够充分发挥自身教学的优越性，融合已有的商务专业，建设与社会需求相适应的国际贸易特色专业。基于此，本文结合"一带一路"倡议构建了如下几种外语类院校国贸专业特色人才教育教学的培养

模式。

（一）推动面向"一带一路"的多语种实验班建设和国际组织人才基地班建设

近年来，中国对外开放不断扩大，"一带一路"项目在沿线国家分批次落地，国内国际市场对于非通用语的人才需求存在较大缺口。因而，外语类院校应立足于服务"一带一路"倡议和对外开放战略，针对国际贸易专业推动面向"一带一路"的多语种实验班建设和国际组织后备人才基地班的建设。

具体而言，这一培养模式可实行"多语种+经贸"的教学组织方式，培养具有开阔的国际视野、优良的外语和跨文化沟通技能、了解国内外经贸政策和法规、掌握扎实的国际贸易理论知识和国际通行规则，并能将所学知识应用于商务谈判、进出口业务、国际物流、国际投资、财务会计和国际贸易结算等实务的复合应用型人才。在课程设置上，该模式可开展思政、经贸、英语和第二外语等主干课程，实现思想引领、专业扎实、语言能力突出三位一体的教学新方式。

同时，开展实践类课程，鼓励学生走出课堂，切身参与到与"一带一路"沿线国家有贸易往来的企业经营当中，了解进出口企业的运作模式。此外，在这种人才培养模式下，应当更加重视培养学生发现问题、分析问题和解决问题的能力，提升学生理论与实践相结合的能力，改革原有的应试考核方式，新增情景模拟类考试，发挥学生的主观能动性，真正做到"以学生为中心"，与国际培养模式接轨，最大限度地发挥外语类院校的独有优势，培养能够服务于"一带一路"倡议下的中国企业的国际化人才。

（二）促进复合型交叉学科人才培养模式的发展

20世纪八九十年代，各外语类院校开设的国贸专业为国家在改革开放初期输送了大量的实务型人才。随着近40年的发展，当前中国已成为世界第二大经济体和第一大贸易国，中国在世界贸易组织中的地位显著提升。然而，在复杂的国际经贸环境下，其他国家与中国的贸易摩擦不断增加。尤其是自2018年以来，中美间的贸易摩擦，给中国企业带来了较大的出口困境，且使世界贸易组织框架下的国际经贸规则面临着严峻挑战。

在此背景下，作为外语类院校的国际贸易专业，理应培养具备综合应对复杂国际形势能力的复合型交叉学科的国际贸易人才。复合型交叉学科是指实施"语言+经贸+法律（技术）"的教育教学模式，旨在培养既有良好语言与跨文化交流能力，又通晓经贸和法律（技术）的专业化人才，对学生的专业素养提出严格要求，更加突出语言的工具属性。同时，要求学生熟练掌握经贸、法律、技术等专业知识，提升其思考问题、解决问题的能力，突出实践应用的地位。通过该培养模式的实施，可以扩展学生的国际视野、启发学生严谨的逻辑思辨，为国际贸易专业的学生到外事外贸政府部门、相关企事业单位就业奠定良好的基础。

（三）构建应用型人才与研究型人才的分类培养模式

应用型人才与研究型人才如今已被广泛应用于研究生阶段的教育培养，但随着教育理念的发展与技术条件的成熟，该分类培养方案同样具有应用于本科阶段的可能性。当前外语类院校中的国贸专业教学采取传统的书本培养方式，一方面束缚了对部分学生研究思维的启发，另一方面也限制了对部分学生应用型技能的培养。因此，外语类院校可尝试构建本科阶段应用型人才和研究型人才分类培养的教学模式。

此模式可改变单纯"以就业情况为导向"的人才培养评价标准。对于应用型人才，要强调其理论学习与实践应用的有机结合，侧重于社会视野与实践能力的培养。在日常教学工作过程中，可以开展实践周、实践月等多元化的授课方式，强化学生的实际操作能力。后期，可以将学生的就业情况作为评价该培养模式的主要标准。对于研究型人才，则要着重加强其专业基础学习和学术素养训练的有机结合，以科学研究为导向，侧重这部分学生研究能力的提升，从而为各高校、科研院所或智库机构输送科研基础扎实的学术研究型人才。后期，可以将学生的考研或保研升学率作为评价该培养模式的主要标准。

参考文献

[1] 牛蕊，郑妍妍. 国际经济与贸易专业人才培养模式的特色建设研究——以外语类高校为例 [J]. 兰州教育学院学报，2017（2）：98-101.

[2] 付竹. 外语类院校国际商务人才培养模式研究 [J]. 吉林省教育学院学报，2011（10）：138-140.

[3] 龚菊芳."一带一路"背景下国贸专业应用型商务英语人才培养

策略研究［J］.当代教育实践与教学研究，2020（1）：77-78.

　　［4］南雪峰，金石柱，邓德宏.“互联网+”背景下国际贸易专业应用型人才培养模式研究［J］.科教导刊（中旬刊），2019（12）：51-53.

　　［5］朱志胜.面向外语院校管理类专业本科生的量化思维培养与能力提升模式研究［J］.教育现代化，2019，6（62）：8-10.

智慧互联时代金融科技专业
人才培养模式研究

韩 珣[①]

一、引 言

（一）新时代的开启：从信息互联、消费互联到智慧互联

互联网最早出现在 20 世纪 60 年代，但是直到 20 世纪 90 年代中期才引起公众的关注并迅速普及。互联网能够突破物理局限，将世界上任意一台计算机连接到网络上，让用户共享无限的信息资源。传统互联网的核心是信息传递，而开放、平等、协作、共享是互联网最基本的特征（李海舰等，2014）。信息传播与共享是第一代互联网的基本特质。

伴随着互联网在消费领域的广泛应用，围绕着客户需求基础，互联网的智能化快速发展。智能互联网在互联网技术的基础上增加了人们对世界的认知和感应，具有了人类思维的部分特质。从此智能互联网开始高效服务于消费领域，为人们提供高效、直观的消费生活体验。智能互联本质上是一种自治的实体，网络中的各个网站之间协同工作。智能主体是智能互联中的灵魂，它是一和智能的软件实体，为用户提供各种智能服务（史忠

① 韩珣，北京第二外国语学院经济学院讲师，金融学博士，硕士生导师。研究方向：影子银行、央行沟通、经济政策等宏观货币金融领域。近年来，在《经济研究》、《金融研究》、《中国工业经济》、《国际金融研究》、Emerging Markets Finance and Trade 等核心期刊发表论文十余篇。主持国家社科基金后期资助项目、教育部人文社科基金一般项目项，参与国家社科基金重大项目和国家自然科学基金项目。

植等，2003）。智能互联引领客户关系、业务流程以及企业架构的改变，它改变了企业和客户之间的互动方式，企业与客户之间的关系将从原来一次性交易过渡到持续互动的模式（齐健，2016）。企业可以借助智能互联对业务流程的各个阶段进行全面的分析，并且根据数据结构对企业在产品开发、IT、制造、物流、营销、销售以及售后服务等层面进行优化。在企业架构方面，智能互联使数据价值逐渐超越资本在企业中的作用，独立的数据管理部门将会和财务部门一样重要，甚至有可能会超过财务部门的重要性。

智能互联可以说是智慧互联的初级形态，其以服务消费为核心。然而在此基础上形成的智慧互联，它将人类智慧联结在一起，将生产与消费，流通与分配，融资与投资等经济活动有效联系在一起，形成一个直观的场景。智慧互联网是基于物联网、云计算环境，借助无线移动终端，将人物互动、三维感知的过程在互联网上实现全程共享，并能够进行三维复合、虚实互动的网络化集成平台系统。借助智慧互联在信息、资源、智能等要素高效配置的优势，能够推动公共服务便捷化、社会管理精细化以及生活环境凝聚化。从需求角度来看，消费者将在更广泛的领域获得更普遍的服务；从生产服务方面看，未来企业提供的服务将更加精细，企业与消费者之间更倾向于维持一种长期的互动关系。人与人之间的联系也更为紧密，人类将迈入万物互联的新时代（叶秀敏，2013）。

智慧互联的形成和发展将推动互联网转型，其主要体现在四个方面：一是互联网将从链接型的互联网向连接型的互联网转变，这种连接将使人们彼此之间的关系变得更加紧密、数据交互更为便捷。二是互联网的格局将从封闭向开放转变。未来，互联网不再仅仅是浏览型的网络，而是一个应用型网络，平台通过对用户数据的分析来提高搜寻匹配效率。三是在环境层面上，将从 PC 端向移动端转移，服务从 IP 集中向位置集中转变。四是互联网从社交网络向社会化网络变化，通过互联网将社会中的人、资源、信息联系在一起，形成一个信息化、社会化网络。智慧互联使原来被工业社会异化的人类精神获得极大程度的解放，在智慧互联时代，人与人充分融合的同时，每一个个体的需求和意愿得到了充分的满足，一个更加智能、高效的时代——智慧时代，正向我们走来。

（二）智慧互联时代不会改变金融的本质与功能

金融本质是资源的跨期配置，形成了"债"或信用、资产定价与风险管理的相关逻辑范畴。从金融起源来看，在原始社会，当社会分工提升了生产力，产品有了一定剩余，交换产生，不同的部落与氏族之间进行余缺调剂，或者进行实物借贷，在交易中分离出商品货币，商品货币作为交易媒介，逐步固定在一般等价物之上。无论是实物借贷，还是交易产生出来的等价物，本质上都是债的形式。后来金属作为货币，再后来出现纸质信用货币和银票汇票等支付工具，成为金融的原始内容。在漫长的奴隶制与封建制社会，民间放贷机构已经逐步发展成熟，当铺就是一个典型的例子，通过将物品抵押在当铺就可以预支钱币，以后可以"回购"抵押品，从技术和本质上来说，相当于今天的债券。债本质上是一种债权债务关系，通过契约可以实现资金的转移，提高货币资金的配置效率。因此，从债到股，再到期货期权，金融工具的结构在不断发生演变，但金融作为管理"债"的内涵本质并未发生改变。

从宏观到微观考证的金融功能，无论何时何地都不会变。自19世纪中期以来，金融与经济增长之间的关系得到了国内外学者的关注，根据研究视角的不同可以划分为金融结构理论、金融抑制理论以及金融功能理论。金融功能理论主要研究金融为经济发展提供了哪些功能。Levine（1997）认为，金融通过分散风险、资源配置、促进公司治理、加强储蓄流动性、促进产品和服务交换这五个功能作用于经济，促进经济增长。

金融的功能主要体现在支付结算、融通资金、经济资源转移、风险管理、信息提供以及解决激励问题这六个方面。其中最核心的有三点：第一点是支付结算和汇兑功能，金融体系在发挥支付结算功能的基础上实现了资金盈余者和资金赤字者之间的交流，进而起到促进投融资、动员储蓄的作用。第二点是实现货币资金的有效配置。狭义的资源配置指的是物质财富在不同经济主体之间的再配置以提高社会福利水平；广义的资源配置还包括改善资源配置效率的各种活动。第三点是围绕风险管理或者财富管理展开，资产定价是核心问题。风险管理主要是研究如何在不确定的环境中进一步提高投资、融资的效率。金融通过其核心功能促进投融资、动员储蓄，提高了资源配置的效率，进而促进经济增长。

智慧互联依托科技的发展，那么科技发展是否能改变金融基因？第一次工业革命，蒸汽动力技术带来了信用和金融服务在经济领域更广泛的应用，因为社会化大生产需要资本的高度集中，以股份化为中心的金融市场机制应运而生。第二次工业革命，电力与通讯技术改变了社会发展在时空上的限制，降低了经济运行成本，使经济的国际化程度不断加深，金融机构与金融市场的相互依赖程度显著提升。然而以传感技术、通信技术和计算机技术为核心的信息技术（IT）的出现和发展引领了 20 世纪的第三次工业革命，新技术武装了金融机构与市场，金融行业实现了"后台的电子化"，以电子指令的方式处理客户的业务需求（李健、马亚，2015）。自 20世纪 90 年代以来，伴随着互联网和其他数据网络的高速发展，电子商务成为引领全球的新趋势，金融逐渐开始借助信息技术为客户提供投资咨询、代客理财等增值服务。当前所处的时代正面临着信息技术和能源体系的再次革新，新经济发展中的金融与科技逐渐呈现深度融合的趋势。未来，随着云计算、大数据、物联网以及区块链技术的不断成熟，金融将逐渐走进资金与信息配置更迅速、更便捷、更高效的智慧金融时代。这些带来了金融载体与金融模式的变化，提升了金融的效率，但是金融作为"债"的本质，围绕资源跨期配置的本质没有改变。不过，本质不变，但金融的外在特征肯定会发生变化，金融模式也会改变。因此，我们将预期未来智慧互联时代金融发展可能出现的趋势。

（三）智慧互联时代的金融发展趋势

智慧金融是在金融设施电子化、金融数据集中化、金融业务综合化的背景下，借助云计算、大数据、物联网等互联网技术对客户的金融活动进行关联分析，为客户提供智能化、轻型化、平台化的体验式金融服务，具有海量数据感知分析、智能化决策服务、全方位互联互通以及协作化社会分工等特征。智慧金融将涵盖互联网支付、网上银行、在线理财、非接触支付以及风险评估等智慧金融服务。在智慧互联网时代，金融发展将逐渐走向货币数字化、账户内生化、支付观念化、融资对称化、信用中介金融基础设施化、商业银行投行化、金融市场交易程序化以及金融服务包容化的趋势。智慧金融将加快金融机构与金融市场在金融产品、金融服务、金融基础设施、交易制度安排等方面的变革，形成更加便捷、包容性更强的金融体系。

智慧互联时代也会导致金融体系逐渐呈现出以下趋势：其一，货币数字化。货币数字化是现代信息技术发展的必然产物，同时也是移动金融、网上银行发展的技术条件（朱纯福，2015）。货币的核心功能是交易媒介和支付结算功能，随着互联网技术的发展，传统的货币实体很难在网上实现流通、交易，只能由一种数字化的抽象货币代替进行交易结算。互联网技术发展必然会伴随着货币数字化趋势的到来。其二，账户内生化。区块链技术也被称为"分布式账本"，即将区块链看作是一个公共账本，每笔数字货币自诞生起，所有转账、交易都被记录在"块"，区块与区块之间相连，形成区块链（益言，2016）。其三，支付观念化。随着智慧互联时代的到来，人们的支付方式也将发生转变，转账、支付、结算、投资理财等传统商业银行的业务将更多地以智能化、自动化的形式借助互联网技术来完成。其四，金融市场交易程序化。智慧互联为金融市场程序化交易提供了更为广阔的应用前景，依托机器学习，将人类交易员的各种思想、交易模式、交易习惯、交易行为等通过程序化转为智能程序，代替人来开展交易。其五，金融包容化。金融服务智慧化的核心在于服务理念的更新和业务流程的改进，推动金融网点由单纯的"交易处理型"向综合的"营销服务型"转变，以满足客户综合的金融服务需求。智慧互联技术在金融领域的应用克服了金融排斥现象，推动了普惠金融体系的建设。

二、智慧互联时代金融科技学科建设的必要性

（一）智慧互联时代下金融科技人才需求趋势

随着我国金融形态从传统金融中介模式到互联网金融模式，再到智慧互联时代，对金融科技人才的需求也在不断增加。从全球范围上来看，金融科技给传统金融行业和其他行业带来了巨大的挑战，金融科技将重塑金融体系面貌。然而，目前对于金融科技人才普遍存在供不应求的特点。据《2018年中国金融科技就业报告》统计，92%的受访金融科技企业认为目前对于金融科技人才的需求无法得到满足。

金融科技人才的培养具有很强的必要性。原因在于，随着我国互联网技术的不断发展，金融行业的发展模式也在不断发生改变。人工智能、生

物识别、区块链等信息化技术的发展改变着金融行业的生态模式。因此，以往对于金融学专业人才的培养模式已经无法适应金融部门的要求，我国对于金融人才的需求也从原来单一化的宏观金融管理人才，逐渐向具有复合型技术的金融人才转变。因此，培养一批具有大数据分析、量化投资、风险管理和数据分析能力的本科生、研究生和博士生对于满足金融行业对于人才的要求、促进产业升级以及宏观经济平稳发展具有很强的作用。

此外，当前我国银行业不良贷款率上升、银行歧视等问题也不断凸显。借助信息化技术来加强我国商业银行经营的可持续性，提升其盈利能力，降低系统性金融风险也具有极其重要的作用。现阶段，我国金融行业的毕业生在就业率上也出现了比较明显的下降趋势，根本原因在于金融行业对于金融人才的需求与高校培养出的金融人才存在较为严重的脱节。金融科技对于人才的要求更高。具体地，金融科技行业除了要求人才能够掌握最基本的经济学和金融学原理、金融中介和资本市场的运行模式之外，还需要掌握互联网金融的内涵、范畴和运行模式，比如第三方支付、P2P、众筹、互联网保险、数字货币等，也要求其掌握人工智能、大数据、云计算、大数据和区块链等新兴技术的应用。因此，从金融行业的发展趋势和就业市场的要求来看，培养一批具有高素质和复合背景的金融科技人才的任务迫在眉睫。

（二）智慧互联时代下金融科技人才培养存在的问题

目前，金融科技人才培养的问题主要反映在对金融科技学科定位不明和金融学科师资力量不足的两个方面：

第一，从金融学科的定位来看，金融科技学科建设涉及金融学科与互联网金融相融合的问题。然而，目前大部分综合类院校和财经院校的优势学科建设大多以金融学科和金融工程为主，而对于金融与互联网相结合的金融科技学科的建设明显不足。

金融学科建设的关键在于同时培养学生对于区块链、大数据、文本分析以及人工智能等信息技术的应用，也需要对资本市场运作，宏观货币金融和国际金融等金融学科知识形成完善的知识体系。然而，现阶段大部分高校对于金融科技交叉学科的属性仍不够明晰，进而导致院校对金融科技学科课程体系的定位不够明晰，课程体系的建设也处于摸索时期。

第二，从金融科技学科的师资建设情况来看，教师是发展金融科技学科的关键所在，培养一批业务过硬，科研能力较强，且具有交叉学科教育背景的师资队伍也是目前比较突出的问题之一。首先，金融科技学科对专业教师的教育背景要求更高，要求教师既具有金融学学科的扎实背景，又要求其能够掌握并应用区块链、大数据、人工智能和机器学习等关键的互联网技术。其次，目前满足此项要求的博士人才较少，从而导致在教师队伍上也存在供给不足的特点。

三、智慧互联时代金融科技专业人才培养模式的探索

在金融科技明显短缺的背景下，如何培养一批具有金融科技素养的本科生和研究生，成为解决人才供求错配、提高毕业生就业质量的关键所在。就智慧互联时代下专业人才的培养模式，我们认为应当从加强理论学习和实践指导相结合等方式，培养一批具有扎实的理论基础和较强应用能力的金融科技人才。具体地，应当从以下几个方面着手：

第一，组建好水平的师资队伍。高校应当引进具有金融科技教育背景和实践经验的教师，加强高水平师资队伍的建设。具体地，需要引进同时具有金融学科并且掌握信息化技术的人才，通过提供合理的薪酬待遇等多元化方式来吸引人才。此外，也可以通过加强国内外学术交流、访学交流等方式使金融科技学科的教师能够准确把握金融科技的发展趋势，进而更好地服务于教学和科研工作。

第二，完善人才培养的方向与培养体系建设。现阶段，金融科技也在不断发展，因此需要设置金融学、统计学、计算机等多门学科，提高学生对于交叉学科的学习能力。此外，不同院校也可以根据其自身学科的优势和特点采用联合培养等方式，致力于培养一批具有很强理论基础和应用能力的金融科技人才。

第三，夯实金融学和信息技术等基础课程开设的力度。加强金融科技专业学生在商业银行学、货币金融学、国际金融学等基础金融课程方面的学习。同时，开设金融科技基础课程，对金融科技的概念、内涵、模式、应用和影响等方面进行细致的介绍，以达到夯实学生理论基础，强化学生对金融科技本质和未来发展趋势的理解。

第四，采用多元化手段来提升金融科技人才的实践应用能力。强化学生在智能金融、大数据技术、机器学习以及文本分析等方面的应用学习能力。具体地，可以通过设置实践课程、加强学校与金融科技部门的科研合作和实习交流等方式来提高本科生和研究生在金融科技学科上的应用能力。具体地，可以通过设立模拟实验室的方式，场景化的讲授关于区块链、人工智能和生物识别等信息应用技术。此外，充分发挥 MOOC（大规模网络开放课程）在完善金融科技人才培养上的积极作用，通过创新学习方式的手段来提高金融科技学科建设效率。

四、结 语

互联网是人类集体智慧走向外在化的载体，众智融入互联网必将引起人类生活模式的改变。随着互联网向智能互联、智慧互联的演变，人们的生活将发生改变。在未来，智能互联能够准确地感知到主体和环境的变化，并对行为主体的信息进行深入的分析和挖掘，从而为客户提供更精准的服务。人类的智慧融入互联网，同时智慧互联反过来更好地服务于人类。智慧互联在各领域的广泛应用必然会对人们的生活方式和内在心灵造成一定的冲击。

随着我国金融创新不断推进，人工智能、云计算、区块链和大数据等互联网技术在金融领域的应用日益加强，加强金融科技人才的培养对于完善人才培养结构具有重要的作用。然而，现阶段金融科技学科定位不明确、师资力量不匹配等问题也成为金融科技学科体系建设的难点所在。本文认为应当借助模拟实验室、MOOC 等手段，提高金融科技人才的理论基础和实践应用能力。

参考文献

[1] Levine R. Financial Development and Economic Growth: Views and Agenda [J]. Journal of Economic Literature, 1997, 35 (2): 688-726.

[2] 李海舰，田跃新，李文杰. 互联网思维与传统企业再造 [J]. 中国工业经济，2014（10）：135-146.

[3] 史忠植, 董玥楷, 蒋运承, 等. 智能互联网 [J]. 计算机科学, 2003 (9): 1-4+10.

[4] 齐健. 智能互联, 开启新的工业革命 [J]. 智能制造, 2016 (21): 20-21.

[5] 叶秀敏. 智慧金融与"四流"及实现条件 [J]. 金融电子化, 2013 (5): 30-32.

[6] 叶秀敏. 智慧金融的概念、流程和特点 [J]. 中国信息界, 2012 (10): 13-16.

[7] 曹培慎. 金融资产定价理论的历史演变 [J]. 生产力研究, 2007 (16): 144-147.

[8] 陈燕玲. 金融风险管理的演进: 动因、影响及启示 [J]. 中央财经大学学报, 2006 (7): 32-36.

[9] 白钦先, 谭庆华. 论金融功能演进与金融发展 [J]. 金融研究, 2006 (7): 41-52.

[10] 陈雨露, 杨栋. 世界是部金融史 [M]. 北京: 北京出版社, 2011.

[11] 廖子光. 金融战争: 中国如何突破美元霸权 [M]. 北京: 中央编译出版社, 2008.

[12] [美] 约翰·穆迪. 金融的战争 [M]. 徐建萍, 译. 合肥: 安徽人民出版社, 2012.

[13] 李健, 马亚. 科技与金融的深度融合与平台模式发展 [J]. 中央财经大学学报, 2015 (5): 23-32.

[14] 朱纯福. 银行移动金融发展与货币数字化、财富积累 [J]. 金融论坛, 2015 (2): 3-11.

[15] 益言. 区块链的发展现状、银行面临的挑战及对策分析 [J]. 金融纵横, 2016 (4): 46-50.

[16] 王达. 美国互联网金融的发展及中美互联网金融的比较——基于网络经济学视角的研究与思考 [J]. 国际金融研究, 2014 (12): 47-57.

[17] 叶秀敏. 智慧金融的特征及与传统金融的区别 [J]. 信息化建设, 2012 (9): 28-31.

服务"一带一路"的国际文化贸易人才培养研究[*]

林建勇　蔺天祺[①]

一、引　言

　　自 20 世纪末以来，随着世界经济结构的不断调整和全球化进程的逐渐推进，文化贸易发展迅速，现已成为全球贸易中一个颇具活力的增长点。对于中国而言，随着外贸结构的转型升级，文化贸易总额快速增长，从 2002 年的 398 亿美元增长到 2018 年的 1370 亿美元，在我国国际贸易中占据着重要的比重。然而在快速增长的背后，中国的文化贸易长期表现为总体规模较大，而核心产品和服务长期处于逆差状态，究其原因为国际文化贸易人才的不足，其是导致文化贸易发展滞后的重要原因之一。尽管当前国内已有中国传媒大学、北京第二外国语学院等少数几个院校对国际文化贸易人才培养进行尝试性探索，并培养出了一定数量的国际文化贸易人才。然而，从我国人才市场来看，一方面国际文化贸易人才总体上仍呈现出供不应求的情况，另一方面由于我国高校在培养国际文化贸易人才过程未能与我国企业对于熟知不同国家、地区国情的国际文化贸易人才的需求实现对接，从而造成了文化贸易人才培养需求与供给的不均衡。作为"一

　　* 本文为北京第二外国语学院 2019 年教育教学研究项目"服务'一带一路'的国际文化贸易人才培养研究"成果。

　　① 林建勇，经济学博士，硕士生导师，现执教于北京第二外国语学院经济学院，从事文化贸易、跨国公司与对外直接投资等相关的科研、教学和实践；蔺天祺，北京第二外国语学院经济学院硕士研究生。

带一路"国际合作中的重要内容，我国与"一带一路"沿线国家之间文化贸易的发展有利于"一带一路"倡议通过"文化先行"的方式加强中国与沿线的各个国家在文化信仰和价值理念上的沟通交流，树立和平友好的国家形象，对于"一带一路"战略目标的实现具有不可替代的作用。然而，由于沿线60多个国家在历史传统、语言文字、社会制度和宗教信仰等方面存在巨大差异，"一带一路"建设不可避免地面临着诸多问题和困难。因此在"一带一路"倡议下，研究如何培养服务"一带一路"的国际文化贸易人才具有重要的意义。

二、"一带一路"倡议对国际文化贸易人才素养的要求

（一）拥有复合的知识体系

"一带一路"沿线国家数量众多，具有不同的文化和历史背景，社会制度、政治制度、经济制度和法律制度等也有所不同。为了更好地同"一带一路"沿线国家开展文化经贸活动，国际文化贸易人才必须拥有复合的知识体系。

首先，具备扎实的专业知识。作为国际文化贸易人才，一方面，需掌握国际贸易相关理论知识和基本技能，包括熟悉通行的国际贸易规则、惯例、政策以及相关法规；具备进行国际商务谈判、起草和翻译国际商务函电、起草和签订国际商务合同、处理国际贸易纠纷等基本技能。另一方面，需要熟知文化产业发展特点和运行机制，如代表性文化产品的生产、销售以及市场运作的过程等（王洪涛、王业斌，2016）。

其次，充分了解贸易伙伴国的文化习俗、历史传统、宗教信仰等。"一带一路"沿线国家民族种类繁多、文化特点各异，既有与中国文化差异相对较小的共同属于儒家文化圈的亚太国家，也有分属伊斯兰教、基督教、佛教等不同宗教信仰的众多国家。为此，国际文化贸易人才除了拥有专业知识外，还需充分了解贸易伙伴国的文化习俗、宗教信仰等，从而避免因文化差异导致不必要的误会而造成交易无法达成。

再次，通晓贸易伙伴国的政治制度与法律法规。由于"一带一路"沿

线国家的政治制度不尽相同，法律法规也存在较大的差异。依照其法系不同，"一带一路"沿线60多个国家的法律体系大致可分为大陆法系、英美法系以及伊斯兰法系。同一纠纷在不同法律体系的国家对应的法律标准不同，处理方式也不尽相同。法律信息的不对称往往会使我国企业在与"一带一路"沿线国家进行文化贸易的过程中面临无法预测的政治法律风险。为此，"一带一路"对我国文化贸易人才对于贸易伙伴国政治制度与法律法规的了解提出了更高的要求。

最后，掌握贸易伙伴国的语言。不管是文化贸易还是货物贸易，我国企业在开展对外贸易的过程中，都急需既通晓国际商业惯例和国际法，又熟练掌握当地语言的复合型人才。从"一带一路"沿线国家来看，沿线国家的语言种类多，语言状况复杂。"一带一路"沿线60多个国家仅官方语言就有50多种，涉及汉藏语系、印欧语系、南亚语系等九大语系（王辉、王亚蓝，2016）。除了这50多种官方语言外，不同国家内还存在复杂多样的少数民族语言和地方方言。如何降低乃至消除沟通障碍，是我国与"一带一路"沿线国家进行文化贸易所面临的挑战之一。

（二）具备实践操作能力

对于一个企业而言，培训员工无疑需要花费一定的成本和时间，甚至可能导致开拓市场机会的丧失。因此，与实践操作能力较差的学生相比，企业明显会更加偏好招进来之后可以马上进行相关业务操作的学生。在"一带一路"倡议提出之前，我国与沿线国家之间的文化贸易往来相对较少，随着"一带一路"倡议的提出与推进，沿线国家对于文化产品和服务的需求逐渐释放，市场需求迅速扩张。这也为我国文化产品和文化服务的出口提供了巨大的机遇（张鲁青，2017）。对于我国文化企业来说，如何让自己的产品迅速占领海外市场从而赢得先机，不仅取决于产品本身的质量，还取决于企业员工的能力。企业需要国际文化贸易人才既懂得复合的理论知识体系，又具备文化产品的国际营销能力、跨国经营能力等实践操作能力，从而在一线市场上进行相关业务操作，为本企业的产品迅速开拓市场。

（三）具有坚持学习创新精神

"一带一路"沿线国家众多，这些国家在历史传统、语言文字、社会制度和宗教信仰等方面存在巨大差异。同一业务，在不同的国家其适用的法律法规等不同，处理方式也不尽相同。加之中国之前同这些国家的文化贸易往来较少，因此中国在与这些国家进行文化贸易过程中不可避免地会面临诸多问题和困难。对于文化贸易人才而言，一方面需要不断总结和学习过往的经验，以便后续遇到类似的问题和困难能够及时地做出处理；另一方面在面对之前不曾遇到过的情况和问题时，需要根据面临的新问题和新情况，提出相关创新性的解决方案。因此，为了更好地服务我国与"一带一路"国家之间的文化贸易，国际文化贸易人才需具有坚持学习创新的精神。

三、当前我国国际文化贸易人才培养模式的现状与存在的问题

（一）我国国际文化贸易人才培养模式现状

人才培养的主体在高校，虽然我国不断夯实的文化产业基础为我国国际文化贸易人才的需求奠定了重要的支撑，然而目前国内开设国际文化贸易人才培养相关专业的高校屈指可数。总体而言，目前国内关于国际文化贸易人才培养的模式大体上有两类：

其一，直接设立相关专业，通过专业培养模式，培养国际文化贸易人才。其中，以中国传媒大学、北京第二外国语学院为代表，依托经济学培养基础，在学生经济学专业素养培养的基础上，进一步复合了管理学、文化产业相关的知识和技能。中国传媒大学在大学本科阶段开设国际经济与贸易（国际文化贸易方向），北京第二外国语学院则开设贸易经济（国际文化贸易方向）。与中国传媒大学、北京第二外国语学院的培养模式相仿，云南财经大学专门设立了独立的院系和专业，然而其依托新闻学专业为基础，在学生新闻学专业素养培养的基础上，进一步复合了经济学、管理学、文化产业相关的知识和技能，在本科阶段设立新闻学（国际文化贸易方向）。

其二，将部分与国际文化贸易人才培养相关课程作为授课课程，放入到文化管理类专业培养方案中，通过课程体系模式培养国际文化贸易人才，如上海交通大学，将《国际文化贸易》作为核心课程放入到文化管理类专业中，与文化产业学、文化政策学等核心课程相结合。

对于上述两种培养模式，除了注重理论知识素养培养外，也都强调学生实践能力的培养，一方面，通过课程教学方法的创新，培养学生的综合实践能力；另一方面，通过外贸实习平台实务操作、课程实践、业界专家讲座等方式提升学生的专业实践能力。

（二）现阶段我国国际文化贸易人才培养模式存在的问题

1. 国际文化贸易专业属性不明晰

目前，国内开设国际文化贸易专业的高校数量较少，各高校关于国际文化贸易人才的培养模式都不大一样，缺乏统一的标准，且仍处于摸索阶段。因此，国际文化贸易专业是属于经济学、管理学抑或是新闻传播学，目前暂未形成统一认识。在新闻传媒类院系下，国际文化贸易人才培养方向偏向于学习传播学、文化产业的概念认识，对于数学和经济学的要求比较低，造成懂文化的不懂经济的局面；在经济类院系下则是偏向于培养以国际经济和国际贸易为基础的外贸人才，而忽视了学生对文化产业特点和运行机制的深入学习，造成了懂经济的不懂文化的局面。对于毕业找工作的同学来说，所属的专业大类模糊、所学知识片面可能是限制其发展的第一道门槛（李小牧、李嘉珊，2014）。

2. 课程内容与实践脱节

研究文化贸易首先要对各国文化有了解，对于目前文化产业所包括的文化产品和文化服务应该有体验、有感受，才能提出自己创新性的想法。然而，目前对于国际文化贸易人才的教育缺乏这种课堂之外的实践培养，学生对于不同国家的文化知之甚少，更谈不上沉浸式体验，而对于某一国的文化，缺乏深入的研究和感同身受的体验只能是纸上谈兵，浅显的了解并不能增加两国文化贸易的可能性。其次，虽然大多数高校除了注重理论知识素养培养外，也都强调学生实践能力的培养。但是总体上来看，将课堂所学内容运用到实际工作中的学生很少，大部分学生缺乏有关文化贸易公司的实习经验，对于国际间文化贸易的条例不够清晰，真正培养出来的国际文化贸易人才走向对应岗位的数量很少，这不利于我国创新发展文化产业和对外文化贸易。

3. 学生外语水平有待提高

对于国际文化贸易人才而言，熟练地运用外语与贸易伙伴方进行交流与沟通，是其进行文化经贸往来的必备工具之一。虽然当前国内设置国际文化贸易相关专业的高校都开设了对外英语课程，但教学效果却难以令人满意。培养出的大部分国际文化贸易专业学生的英语运用能力薄弱，不少学生甚至在文化贸易中难以用英语跟贸易伙伴方进行正常的交流与沟通。另外，针对某一国家的专业性贸易人才也应该基本掌握对应国家的语言，要能达到基本沟通交流的水平，从而推动两国文化交流，促进两国文化贸易往来。目前有些高校，如北京第二外国语学院，对学生掌握第二外语提出了要求，学生可按照意愿选择法语、西班牙语等语种进行学习，打开了文化贸易人才复合培养的突破口。然而，这种学习仅是建立在学生自主选择学习的基础上，学校并未进行专门的要求与规模化培养，这也使学生毕业时真正复合一种外语（英语除外）的学生相对较少。我国对于熟练掌握当地语言的复合型国际文化贸易人才需求面临着较大的缺口。

四、服务"一带一路"的国际文化
贸易人才培养相关建议

随着"一带一路"倡议的提出与推进，我国与沿线国家之间的文化贸易规模逐渐扩大，对国际文化贸易人才的数量需求不断增多，同时对其质量也提出了更高层次的要求。针对当前我国关于国际文化贸易人才培养的特点与存在的问题，结合"一带一路"倡议对于国际文化贸易人才的素养要求，本文提出服务"一带一路"的国际文化贸易人才培养相关建议。

（一）完善国际文化贸易人才知识素养培养体系

首先，注重经济学和国际贸易理论知识的构建，诸如宏观经济学、微观经济学、计量经济学、统计学、国际贸易、国际贸易实务、国际文化贸易、国际文化贸易事务、国际商务谈判、国际文化政策与法规等课程应该包括在其中。其次，注重学生文化相关知识的构建，如文化产业概论、文化市场营销学、文化企业管理等课程。再次，对于"一带一路"沿线主要国家（或地区）的文化习俗、历史传统、宗教信仰，都需要进行针对性的学习，可以针对沿线国家分区域开设国际文化市场课程，一方面让学生增加对该区域不同国家民族文化、宗教信仰的了解，提升学生的沟通能力；另一方面通过该类课程的学习，让学生了解该区域国家的文化市场概况，从而可以对该区域不同国家的不同文化产品和文化服务的竞争优势做出大体判断。最后，对"一带一路"沿线主要国家和地区法律和税收政策开设相关课程，让学生大体上了解"一带一路"沿线主要国家和地区的法律制度环境、财税环境和经济金融环境。

（二）提升国际文化贸易人才的外语水平

虽然"一带一路"沿线 60 多个国家仅官方语言就有 50 多种，但是英语必然是其中最为重要的语言。因此，我们应该重视对国际文化贸易人才英语水平的提升。对于国际文化贸易人才英语的要求不应局限于大学英语四级和六级，更应注重商务英语能力的培养，可将商务英语视听说、商务英语读写、商务英语谈判等有关商务英语的课程作为重点加强的课程，安排到学生的必修课中。鼓励学生积极参与外贸英语相关资格考试，取得相关证书。此外，对学生掌握第二外语提出要求。可借鉴对外经济贸易大学国际经济与贸易专业"三语"实验班项目，在学习本专业的基础上，选拔英语优秀的学生再选修一个小语种，以培养出能用中文、英语和第二外语在"一带一路"建设中从事国际文化贸易的复合型人才。就第二外语语种而言，"一带一路"沿线国家语言种类多，语言状况复杂。这些语言有很多都不是常用的国际通用语言。因此，各高校应该加强针对性小语种的培养，如为阿联酋、阿曼、沙特阿拉伯、埃及、巴林、卡塔尔、巴勒斯坦等14 个国家官方语言的现代标准阿拉伯语，为俄罗斯、白俄罗斯、哈萨克斯坦和吉尔吉斯斯坦四个国家官方语言的俄语等。

（三）加大实践教学改革力度

国际文化贸易是一个实用性较强的专业，其以最终的就业为导向，因而学生的实践操作能力显得尤为重要。因此，首先可聘请具有丰富国际文化贸易经验的专业人士来校开设诸如国际文化贸易进出口实务等课程，或者进行相关案例讲座分析。让学生及时跟踪中国与"一带一路"沿线国家之间国际文化贸易的最新动态与发展情况，从而为后续毕业后的工作做好准备。其次，加强校企合作，安排学生到文化进出口企业或政府文化产业管理部门进行相关实习，提高国际贸易人才的专业素养、心理素质和岗位适应能力。最后，鼓励学生积极参与外贸相关资格考试，取得报关员、外销员等资格证书。

（四）实行中外联合办学

对于国内高校来说，应该加强与沿线国家高校之间的合作与交流，对国际文化贸易人才培养采取中外联合办学的模式。具体地，可让学生在大三下学期去国外合作高校进行学习，使学生有更多接触国际文化贸易的机会。通过在海外半年的学习，可以使学生更加深入地感知沿线国家的民俗风情、宗教信仰等，了解该国的文化市场情况。同时，在海外的实地学习还有利于提高学生的外语应用能力。

参考文献

[1] 王洪涛，王业斌. 国际文化贸易人才培养模式构建研究 [J]. 传播与版权，2016（12）：124-125.

[2] 王辉，王亚蓝. "一带一路"沿线国家语言状况 [J]. 语言战略研究，2016（2）：13-19.

[3] 张鲁青. "一带一路"倡议下国际贸易人才培养研究 [J]. 对外经贸，2017（8）：134-136+153.

[4] 李小牧，李嘉珊. 中国文化贸易人才培养：实践困境与展望 [J]. 中国大学教学，2014（11）：56-60.

国际视角下的外语类高校经管
人才培养模式研究

李　扬[①]

一、问题的提出

　　高校扩招在提高大众接受高等教育机会的同时，也带来了大学毕业生就业困难的问题。1977 年恢复高考以来，我国高等教育的规模一直很小且增长缓慢，直到 1998 年，大学生招生数量仅为 108 万人。1999 年，我国政府做出了扩大高等学校招生规模的决定，并在随后几年连续扩招，扩招的规模之大是空前的，因此亦被很多人形容为扩招"大跃进"（吴要清、刘倩，2015）。自 1999 年开始的高校扩招，每年增长 40 万～50 万人，自 2009 年以后，受限于高中毕业生数量，才放缓了增长势头。高校扩招提高了人们接受高等教育的机会，使高等教育从精英教育向大众教育转型，但同时也伴随着一系列问题，如学费上涨、高校教育资源紧张等。随着受扩招影响的大学生进入劳动力市场，大学毕业生就业困难也成为当今社会的主要问题之一（邢春冰、李实，2011）。

　　相对西方发达国家高等教育分类发展，与经济社会发展契合度较高的

　　① 李扬，北京第二外国语学院经济学院讲师，2013 年本科毕业于北京科技大学，2019 于对外经济贸易大学取得博士研究生学位，2016～2017 年在国家留学基金委资助下于美国波士顿学院经济系访学。先后在 *Applied Economics*、《财经研究》等杂志发表多篇论文，主要研究方向为消费和福利。

现状，我国高等教育"大跃进"式的发展，虽在一定程度上促进了社会经济的发展，但高校定位的人才培养模式未能及时调整，高等教育同质化现象严重，这极大地影响了人才培养的质量，学生的岗位适应能力、生存能力、创新创业能力普遍较差，难以适应经济社会发展的需要。因此，有必要进行人才培养模式的研究，重新思考高校如何培养综合素质高、专业能力强、符合经济社会发展需要的人才，尤其是语言类高校面临着其他高校综合类本科层次同质化竞争的巨大压力，如何利用差异化竞争培养适应经济社会发展的高素质应用型人才，是语言类高校人才培养模式研究的重要任务。

培养国际化的经管人才是中国经济不断开放和发展的需要。随着我国综合国力的不断提升，对外开放的层次不断提高，规模不断扩大，水平不断提升，我国已经越来越紧密地融入全球化的进程中，对国际经管人才的质量要求越来越高。特别是"一带一路"倡议的实施，使我国与亚洲各国和其他相关地区国家的经贸往来更为密切，中国正深度融入经济全球化进程之中。在此背景下，中国企业"走出去"面临着巨大发展机遇，同时也身负重大使命。"一带一路"沿线国家的需求不再是简单的工程建设项目和产品制造，而是包括设计、规划、融资、建设、管理和运营等方面的综合服务和大型成套设备，这对"走出去"的中国企业提出了更高的要求，亟须培养大批通晓国际规则、专业能力较强的国际商务人才。

培养多语言的经管人才是中国"走出去"走得更深更远的需要。由于国际交流的主要语言是英语，当前很多财经类院校都将英语听说读写能力作为学生培养的主要目标之一。但是，随着中国与全球各国家和地区的联系越来越紧密，仅仅掌握英语已经不能完全满足当前的需要。据初步统计，"一带一路"沿线的 64 个国家使用的语言约 2488 种，占人类语言总数的 1/3 以上。境内语言在 100 种以上的国家就有八个。面对如此复杂多样的语言状况，想要实现沿线各国间的语言互通，就必须厘清各个国家的语言国情。因此，小语种的经管人才在中国深入对外交流的过程中扮演着十分重要的角色。

国际化的经管人才应具备的专业能力主要体现在：①经济管理专业知识储备。国际经贸形态的深刻变化直接导致了相关从业人员知识技能要求的复合化，经贸专业知识的要求已从初始的国际经济贸易扩展为包括金融、法律、管理和信息科学等多学科复合的庞大知识体系。②多语言能力。除母语外，国际经贸人才需要掌握国际贸易中广泛使用的工作语言，包括英语、法语或者西班牙语等。此外，针对特定的国家和地区，掌握一门小语种也十分重要。③跨文化能力。跨文化能力不能简单等同于多语言能力，它还涵盖思维方式、价值观、文化、人际交往和沟通合作在内的多重叠加的实践能力（王宇航，2015）。

因此，语言类高校可以发挥其在语言尤其是小语种方面的独特优势，培养具有外语特色的经管人才。外语类高校具有强大的语言基因，在国际文化交流中独具优势，面对新形势我国语言类高校经管专业人才的培养工作必须及时作出科学调整，一方面，改善知识结构，提升其基本素养和专业能力；另一方面，必须高度重视系统培养学生在各种商业文化背景下的跨文化能力和工作胜任力，从而发挥小语种优势，培养多语种的经管人才。

二、国外培养模式

欧美发达国家经过多年实践和探索，在人才培养方面积累了丰富的经验，形成了具有特色的人才培养模式。学习和借鉴欧美发达国家的应用型本科人才培养模式及其成熟经验，将很好地促进我国高校顺利地向应用型本科教育转型。

（一）美国培养模式

美国作为世界上首屈一指的高等教育强国，其教育模式经过多年探索，基本形成了培养精英人才为主要任务的研究性大学，培养本科层次高级应用型人才为主要任务的四年制本科学院及以培养技术性、技能性、工程性人才为主要目标的社区学院三类结构（刘英华，2015）。

美国教育通过引领和启发学生的兴趣和爱好，提倡个人的自由发展，注重培养大学生的独立思辨能力，注重培养大学生的勇于创新、开拓进取的能力。哈佛大学建立起一套"多元"人才培养模式，成为美国高等教育的典范（谢梅、苗青，2011）。这一培养模式在课程设置方面的独到之处就是引导学生建立自我概念，奠定自觉学习的信念，吸收更多的知识，充分发挥学生潜能。哥伦比亚大学的人才培养模式的特点是跨学科性和必修性，每个学生在不同学年都要必修不同的跨学科课程。麻省理工学院的

"双元制"人才培养模式特点是：在校期间，学校继续坚持以科学技术为基础的教学，同时逐渐重视学生的人文素养和领导才能。

在师资方面，美国许多高校将具有企业经历的高层次人才聘为高校教师。以创业教育为例，美国高校配备的师资中大多有创业经历，在公司担任一定的职务或者向企业提供咨询等，经验丰富；同时，美国高校还聘请企业界的成功创业人士为兼职教师（吴虹，2010；方阳春等，2013）。

（二）德国培养模式

德国高等教育体系分为综合性大学和应用科学大学两大类，即普通大学和职业院校两者并行发展。德国综合性大学以教学和科研为导向，培养科学的后备力量为教学目标，较为注重专业理论知识的系统化。应用技术大学则以培养应用型人才为导向，培养专业性强，适合在第一线工作的侧重实际应用的工程师型人才。

"双元制"（也称双轨制）是德国实行职业教育最主要的特点，即指整个培训过程是在工厂企业和国家的职业学校（BBS）进行的一种教育方式。青少年既在企业里接受职业技能和与之相关的专业知识培训，又在职业学校里接受职业专业理论和普通文化知识教育。其主要特点是企业承担了其中大部分经费和主要责任。这种半学半工体制，既保证了工人的高素质和动手能力，也在潜移默化中使德国精益求精、一丝不苟的职业精神得以传承。

这种校企联合培养的方式由政府鼓励、企业带头，有其自身独特的优势。首先，政府减少了直接参与企业培训的费用，提高了学生学习的目的性和自主性；企业主动对学生进行实践培训，帮助学校配置所需的技术设备。其次，德国作为工业大国，高技能人才极度短缺，五年的大学学制大大影响了企业人才的输入；"双元制"教育使学生在学习的同时进行生产经营，缩短了人才的培养时间，符合国家的实际（刘英华，2015）。

（三）西方发达国家培养模式特点

通过对美国和德国的高等教育进行分析，我们可以得到西方发达国家的高等教育有以下特点：首先，人才培养坚持以学生为主体。培养目标的制定上体现了以学生为中心的思想，承认学生的个性差异，鼓励学生的个性发展。其次，注重实践提升能力。无论是德国的"双元制"人才培养模式，还是美国的"CBE""合作教育"或"工学交替"等模式都强调通过各种途径与实践培养学生的通应能力、创新能力、交流沟通能力等多种社会需要的能力。最后，整合利用校外资源。国外的高校往往与社会保持密切联系，他们获取校外资源的具体途径多种多样，比如合作项目资源、人才资源、物力资源等，聘请有经验的工程师或企业家到学校中来，有计划、有组织地安排学生到企业中，与企业、行业共同开发合作项目等。

三、中国外语类高校经管人才培养模式

语言类高校指以语言类专业为主要学科的高等院校，其中以外语类占绝大多数。外语类高校属于小而精、专业程度高的大学，就业水平非常靠前。由于以外语学科为主，外语类高校的国际化程度普遍较高，一方面，学生中留学生所占的比例较高，来自世界各地的外国留学生给校园带来了鲜明的国际特色；另一方面，外教在教师中所占的比例也较高，外籍教师让学生能够在课堂上体验到原汁原味的外语和外国文化。

中国当前的语言类本科大学主要有北京外国语大学、上海外国语大学、中国传媒大学、北京第二外国语学院、北京语言大学、外交学院、天津外国语大学、大连外国语大学、四川外国语大学和西安外国语大学等（见表1），这些语言类本科院校都设立了经济管理类专业，特别是国际经济贸易专业。

表1最后一列为毕业生对学校的综合满意度，该指标由普通本科学生根据本校的生活条件、环境以及综合情况进行实名投票得出（通过实名注册的学生才具有投票资格），反映出了学生们对学校的总体评价。

表1 中国语言类本科高等高校

序号	院校名称	院校所在地	教育行政主管部门	满意度
1	北京外国语大学	北京	教育部	4.3
2	北京第二外国语学院	北京	北京市教育委员会	4.3
3	北京语言大学	北京	教育部	4.0

序号	院校名称	院校所在地	教育行政主管部门	满意度
4	中国传媒大学	北京	教育部	4.5
5	外交学院	北京	外交部	4.1
6	中华女子学院	北京	中华全国妇女联合会	4.3
7	首都师范大学科德学院	北京	北京市教育委员会	3.5
8	北京第二外国语学院中瑞酒店管理学院	北京	北京市教育委员会	4.4
9	天津外国语大学	天津	天津市教育委员会	3.8
10	天津外国语大学滨海外事学院	天津	天津市教育委员会	3.4
11	呼和浩特民族学院	内蒙古	内蒙古自治区教育厅	4.1
12	大连外国语大学	辽宁	辽宁省教育厅	4.1
13	吉林外国语大学	吉林	吉林省教育厅	4.4
14	上海外国语大学	上海	教育部	4.3
15	浙江传媒学院	浙江	浙江省教育厅	4.3
16	浙江越秀外国语学院	浙江	浙江省教育厅	3.9
17	浙江外国语学院	浙江	浙江省教育厅	3.8
18	安徽外国语学院	安徽	安徽省教育厅	3.8
19	山东外国语职业技术大学	山东	山东省教育厅	4.3
20	湖南女子学院	湖南	湖南省教育厅	3.8
21	广东外语外贸大学	广东	广东省教育厅	4.2
22	四川外国语大学	重庆	重庆市教育委员会	4.0
23	四川外国语大学重庆南方翻译学院	重庆	重庆市教育委员会	3.7
24	四川外国语大学成都学院	四川	四川省教育厅	3.7
25	西安外国语大学	陕西	陕西省教育厅	4.0
26	西安翻译学院	陕西	陕西省教育厅	4.3

资料来源：学信网。

（一）外语类高校的国际化特色——以北京第二外国语学院为例

与其他高校相比，外语类高校的最大特色就是国际化。学生不仅能够学习到专业的语言技能，还可以感受多样的跨文化氛围。依据自身特色，外语类高校往往会拓展在外语专业之外的优势学科，比如北京第二外国语学院结合首都定位和自身语言优势，发展了旅游管理学科。下面以北京第二外国语学院为例，介绍外语类高校的一些典型特征。

北京第二外国语学院是一所以外语和旅游为优势特色学科，文学、管理学、经济学、哲学等多学科门类协调发展的著名高校，是中国外语、翻译、旅游、经贸等人才培养与研究的重要基地。学校现有本科专业 44 个、硕士学位授权二级学科点 28 个、专业硕士学位授权点 6 个、硕士学位授权一级学科 5 个、联合培养博士点 2 个、博士后科研工作站 2 个。有北京高校高精尖学科 2 个、北京市重点建设学科 4 个，国家级特色专业 4 个、教育部专业综合改革试点专业 1 个、北京市重点建设一流专业 1 个。

学校充分发挥多语种优势，大力开展国际交流与合作，具有鲜明国际化特色。与全球 40 多个国家和地区的 170 余所高校和教育机构建立了全方位、多层次、实质性的交流与合作，建有 6 所孔子学院。每年选派一定数量的教师出国进修、访学、合作科研，从事对外汉语教学等，年均赴外留学学生 600 余人，年均接收外国留学生 1500 余人次。

学校本科专业现有经管类学科 9 个，其中管理学类包括旅游管理、酒店管理、市场营销、财务管理、会展经济与管理、人文地理与城乡规划共计六个，经济学类包括国际经济与贸易、金融学、贸易经济共计三个。

（二）外语类高校的就业

外语类高校大部分学科专业程度高，招生规模小，其就业水平普遍较高。以北京外国语大学、上海外国语大学、北京语言大学和北京第二外国语学院为例，2019 年的本科生整体就业率平均在 95% 左右。

通过表 2 可以发现，外语类高校的本科毕业生选择直接就业和出国的人数比例较高，而国内升学的比例较低。造成这一现象的原因一方面是很多小语种学科硕士和博士点少，本科生已经具备了工作所需的语言技能，导致直接就业率高和国内升学的比例低；另一方面是学校国际化交流水平高，学生有更多的意愿和渠道出国工作学习。下面仍以北京第二外国语学院为例，介绍外语类高校的就业。

表2　2019年部分语言类高校本科毕业生去向比例　　　单位:%

	北京外国语大学	上海外国语大学	北京语言大学	北京第二外国语学院
就业	44.26	55.66	50.87	64.3
国内升学	19.59	11.88	19.41	8.55
出国（境）	30.84	29.83	24.47	27.55

资料来源：各高校2019年本科毕业生就业质量报告。

北京第二外国语学院2019年共有毕业生2057名。其中男女比例为1∶4，北京生源41.8%。本科生1532人，研究生525人。整体就业率98.30%，签约率为67.33%，深造率为28.54%。其中，本科毕业生就业率为98.11%，签约率为64.30%，深造率为36.10%；研究生就业率为98.86%，签约率为76.19%，深造率为7.42%。

在就业地点的选择上，70%以上毕业生（含灵活就业）选择留京工作。其中，本科生留京工作比例约为73.89%，研究生留京工作比列约为64.51%。较2018年，两者均下降约4个百分点。在离京就业的418名毕业生中占比，44.50%的毕业生进入长江经济带沿线11个省市工作发展。

二外学子就业行业主要集中在"教育""信息传播、软件和信息技术服务业""文化、体育和娱乐业""租赁和商务服务业"和"金融业"五大行业，分别占比为19.71%、13.14%、13.04%、10.78%和8.53%。

（三）外语类高校经管人才培养模式

外语类高校应利用差异化竞争培养经管类特色人才。国际化的视角和交流能力是培养经管类人才的核心素质之一，是构成其未来发展的核心竞争力之一。当前随着中国对外开放的水平和层次越来越高，仅仅掌握英语在很多场合已经不能满足国际经贸交流的需要，市场亟须具备小语种能力的经管人才。

1. 外语类高校的经管人才培养目标应更具外语特色，致力于培养高端复合人才

不同于财经类院校，外语类高校根据办学定位，强化"多语种复语、跨专业复合"特色，培养具有家国情怀、国际视野的复合型人才。北京第二外国语学院对非外语类专业的培养目标为：修满内嵌入培养方案的英语课程学分，毕业通过考核可获得双学位证书；符合条件的学生鼓励再修读一门小语种，实现跨专业修读两门外语，毕业时除自身专业学位证外，还可获得英语双学位证书和小语种专业的辅修证书。这样将外语能力写进培养目标中，可以确保学生毕业后至少具备一门英语的双学位。此外，还鼓励学生辅修一门小语种的外语。外语的双学位确保学生在国际交流中的优势，而辅修的小语种则让其在特定岗位上具有无可替代的优势。

北京第二外国语学院突出"跨专业复合"，坚持把学习主动权交给学生，通过此培养途径，希望外语专业的学生能够精通多门外语并积累足够语种外专业知识；非外语专业的学生不但精通本专业的知识，还能精通一门乃至多门外语，努力成为胜任"中外人文交流"使命的复合型人才。这一独特的人才培养改革模式获得了北京市教育教学成果一等奖。自2016级开始到2018级，辅双跨专业选课的资格人数由年级专业排名前30%扩大至35%，实现了我校2019级、2018级、2017级、2016级四个年级的滚动式复合选课和学习，目前已有2016级、2017级、2018级三个年级共计1200余名学生受益。自2015年以来，学校积极承担市教委实施的双培、外培、实培、法国夏斗湖海外办学等多个高水平交叉人才培养改革项目，由单一的校内复合跃升为多渠道的跨校、跨国复合培养，形成了具有二外特色的高端复合人才培养体系。

2. 引进优质课程资源，课程设计体现外语特色的教学内容

学校应强化提升学科特色，将其融入到课程设计中。其一，探索课程资源改革，将优质课程资源引进学校，共同策划打造国家级精品资源共享课、国家精品在线开放课程等高端课程；其二，提倡使用一定比例的外文原文教材，推行双语教学；其三，开设体现外语特色的经济学类课程，丰富学生视野和学习兴趣；其四，邀请外国专家学者进行讲学，开设暑期国际课程，以及推行国际交换项目等。

北京第二外国语学院加强国际化战略顶层设计，以服务教育教学、突出育人根本为落脚点，彰显国际化育人特色。一是采取分层次战略合作策略，全面加强与海外优质教育资源合作，为学生出国学习交流搭建优质平台，2018~2019学年共新签校际合作协议42份，新建语种专业全部与对象国知名高校建立联系。2019年4月，我校与斯洛伐克智者康斯坦丁大学合作框架协议被纳入第八次中国—中东欧国家领导人会晤成果清单。二是加

强教育教学国际合作，2019 年 10 月赴阿尔巴尼亚地拉那主办第四届中国—中东欧国家首都市长论坛框架下的中东欧国家非通用语教学研讨会，深入探讨共性语言教学问题，推动专业育人水平提升。三是打造"留学二外"品牌，扩大国际学生招生规模，新招生人数和在校生人数增幅均超过往年。积极建设国际化课程体系，体现国际化育人特色，目前已建设 93 门全英文课程，4 个全英文专业。

3. 教学过程中，科研资源不断向教学转化

学校发挥学科优势，强化交叉融合，积极推进服务贸易及文化贸易、"一带一路"、公共政策翻译、区域与国别文化等领域创新特色研究和高层次交叉人才培养，强化新型智库矩阵建设和咨政服务特色，持续推进科研和教学有机融合，将校内外丰富的科研资源转化为人才培养优势，推动科研资源和优秀教学资源相互支撑和转化。

北京第二外国语学院：一是出台了《关于促进科教融合的实施意见》，明确政策导向和激励机制，引导科学研究为人才培养服务。二是为学生参与科研提供制度性保障，明确要求教师吸纳本科生参加课题申报与研究，设立科教融合项目，把本科生为项目成员作为课题申报的基本条件之一，鼓励教师围绕教学开展研究。2018~2019 学年，共有 99 人次的本科生参与教师科研项目。三是开放各类科研资源，鼓励和支持学生参与学校主办的高端学术论坛，鼓励科研机构遴选优秀本科生担任学术秘书。在 2019 年学校承办"中国旅游发展北京对话""中国—中东欧国家文化创意产业论坛"等重要学术活动中，不乏本科生的身影。四是努力创造实训机会，选拔综合素质较高的学生与任课教师一起担任国际学术会议的翻译工作，让学术会议成为学生的实践课堂。在 2018 年 12 月 18 日的北京—特拉维夫创新大会上，我校高级翻译学院 2016 级翻译人才实验班的全体同学、部分高年级本科生和研究生担任本次大会的交传译员，让学生的课堂知识在实践中得到检验。

4. 整合校外资源，立足自身特色，提升实践能力

学校应当强调通过各种途径与实践培养学生的通应能力、创新能力、交流沟通能力等多种社会需要的能力。上文通过对西方发达国家高等教育培养模式分析发现，在学生培养过程中应注重实践提升能力。整合利用校外资源，比如合作项目资源、人才资源、物力资源等，聘请有经验的工程

师或企业家到学校中来，有计划、有组织地安排学生到企业中去，与企业、行业共同开发合作项目等，通过校企合作，搭建一个学校和企业的平台，让学生能够从学校的"象牙塔"里走出来，提前感受业界需求，从而有针对性地提升自己。

北京第二外国语学院充分发挥外语和旅游学科优势，坚持立足首都需求做好高层次、多元化、特色化社会服务。作为全市唯一的"北京国际志愿服务基地"，学校承担团市委"一带一路"志愿服务联盟重点工作，长期服务首都各项大型主场外交外事活动，学生累计参与北京奥运会、"一带一路"高峰合作论坛、APEC 峰会等高规格志愿服务逾 4.5 万人次。2019 年，学校派出多语种志愿服务队伍，服务第二届"一带一路"国际合作高峰论坛、世界园艺博览会及亚洲文明对话大会、国际人工智能与教育大会等，尤其是在 2019 年亚洲文明对话大会上，学校 9 个小语种专业包揽了注册中心的全部志愿者岗位；在第二届"一带一路"国际合作高峰合作论坛中，7 名志愿者的优秀表现受到商务部高度赞扬；在 2019 年 3 月重大外事活动中，8 名夏斗湖学院学生志愿者表现优秀，受到中国驻法大使馆表彰。志愿服务成为学校实践育人的手段、学生成长的平台。一大批二外国际志愿者在服务中成长成才，服务首都国际交往和文化对外传播，成为最耀眼的"二外名片"。

参考文献

[1] 吴要武，刘倩．高校扩招对婚姻市场的影响：剩女？剩男？[J]．经济学（季刊），2015，14（1）：5-30.

[2] 邢春冰，李实．扩招"大跃进"、教育机会与大学毕业生就业[J]．经济学（季刊），2011，10（4）：1187-1208.

[3] 王宇航．高校国际商务专业人才跨文化能力培养探析 [J]．国际商务（对外经济贸易大学学报），2015（4）：153-160.

[4] 刘英华．地方高校应用型本科人才培养模式研究 [D]．南昌：江西科技师范大学，2015.

[5] 谢梅，苗青．美国高校创新人才培养模式及借鉴——以美国三所高校为例 [J]．西南民族大学学报，2011（3）：217-221.

[6] 吴虹．美国常青藤盟校人才培养理念对我国高校人才培养的启示 [J]．教育探索，2010（7）：148-150.

［7］方阳春，黄太钢，薛希鹏，等．国际创新型企业科技人才系统培养经验借鉴——基于美国、德国、韩国的研究［J］．科研管理，2013（S1）：230-235.

［8］北京第二外国语学院．北京第二外国语学院本科教学质量报告（2018-2019学年）［R］．2019.

［9］北京第二外国语学院．北京第二外国语学院2019届毕业生就业质量报告［R］．2019.

人才培养体系

新时代背景下外语院校经济学专业人才培养体系研究[*]

刘 霞[①]

摘要： 随着全球新冠肺炎疫情的持续蔓延，国际环境的不确定性因素日益增加。世界经济局势的风云变幻和中国时代发展的日新月异，对中国高校经济学专业人才培养提出了更新、更高的要求。特别是对于具有语言文化优势和特色的外语院校而言，面对中国新时代的发展背景，更要深入贯彻党的十九大和十九届二中、三中全会精神，时刻以习近平总书记关于教育工作的重要论述为指导，牢牢把握新时代人才培养的内涵。通过合理定位培养目标、改革完善培养模式、科学构建课程体系、创新改革培养制度以及全面加强师资建设等方面不断完善外语院校经济学专业人才培养方案和培养体系，为中国特色社会主义建设培养更多应用强复合型创新人才和经济学科拔尖创新人才。

关键词： 新时代；人才培养；应用强复合型；拔尖创新

教育是国之大计、党之大计。自党的十八大以来，习近平总书记对教育工作做出了一系列重要论述，多次强调高校人才培养工作的重要性。在2018年的全国教育大会上习近平总书记明确指出教育的"一个根本任务"是培养德智体美劳全面发展的社会主义建设者和接班人，并提出要努力"形成更高水平的人才培养体系"。党的十九大报告中也强调"加快教育现代化，办好人民满意的教育。要全面贯彻党的教育方针，落实立德树人根

---

* 本文是北京第二外国语学院课程思政教育教学研究专项《思政教育在国际文化贸易人才培养中的探索与实践研究》的阶段性研究成果。

① 刘霞，北京第二外国语学院经济学院讲师，博士研究生。主要研究领域为国际文化贸易，在《世界经济》《国际贸易问题》《北京师范大学学报》《经济经纬》等核心刊物上发表学术论文数篇，并参与出版多部著作与教材。

本任务，发展素质教育，推进教育公平，培养德智体美全面发展的社会主义建设者和接班人。"这为当前和今后一个时期中国高等教育领域的教学人才培养和教育教学改革指明了重要的发展方向，也提出了新的发展要求。那么，对于具有语言文化优势和特色的外语院校而言，在新时代中经济学专业人才培养工作更要围绕培养什么人、怎样培养人、为谁培养人这一根本问题，以习近平总书记关于教育工作的重要论述为指导，牢牢把握新时代人才培养的内涵，明确新时代人才培养的主体，抓好新时代人才培养的关键，为中国特色社会主义建设培养集多方面优势于一体的应用型、复合型人才。

一、外语院校经济学专业人才培养的
指导思想和培养定位

外语院校经济学专业人才培养体系的完善和模式创新的改革同样要以习近平新时代中国特色社会主义思想为指导，深入贯彻党的十九大和十九届二中、三中全会精神，深入学习贯彻全国教育大会精神，紧紧围绕培养什么人、怎样培养人、为谁培养人这一根本问题展开。全面贯彻党的教育方针，坚持发展抓公平、改革抓体制、安全抓责任、整体抓质量、保证抓党建，加快推进教育现代化，建设教育强国。同时，要立足于新时代中国发展的历史定位和社会现实，结合中国国情和社会环境，理论联系实际，培养能够切实解决中国实际经济问题的专业人才。因此，坚持马克思主义理论为指导，将外语院校的优势和特色与基础理论知识相结合，强化中国经济理论和实践应用，将中国特色放在突出位置，并将中国经济学成果和一切人类文明成果有效融合，推进外语经济学人才培养方式的改革创新（徐群芳、余杨，2019）。

外语类院校应根据自身实际情况，将经济学科的建设与外语优势相互结合制定经济学专业人才培养目标。在保持经济学科自身特色的同时，注重学生外语基础的加强，根据学生兴趣增设文化类、语言类跨学科的基础课程，通过主修、选修或者第二专业的形式为社会主义建设培养富有外语学院特色的强复合型人才。对于北京的外语类院校而言，在面对国家"一带一路"倡议和北京市"四个中心"城市定位对强复合型人才日益扩张的新需求和区域经济高质量、多元化发展的新要求，需要不断尝试去改革和调整人才培养目标和体系，不断升级人才培养模式，重点培养应用型的创新人才。此时外语院校经济专业人才的培养需要经历由21世纪基础型人才到复合型人才，再到强复合型人才的过渡和转变，应用强复合型创新人才和经济学科拔尖创新人才将成为未来外语类院校经济学专业人才培养的必然选择。其中，对于"经济+外语"应用强复合型创新人才的培养在基于熟练掌握基本经济学理论知识的前提下，不仅要掌握国际经贸人才必备的专业知识、专业技能和应用能力，还要培养其熟练掌握一门外语，具备良好的跨文化交流沟通能力。然而对于经济学科拔尖创新人才则旨在扎实掌握经济学理论知识的前提下，不仅要有高效快速获取学术前沿，掌握和运用理论指导实际的能力，具有较强创新精神与创新创业能力，同时也要熟练掌握一门外语，提高学科资源和信息的获取、理解和解读能力。

此外，国际化、开放化、规范化和前沿化是外语院校经济学专业的人才培养方略，同时致力于服务中国经济建设和经济学教育与科研，复合型、应用型、创新型是外语院校经济学专业人才培养的特色。对于北京第二外国语学院而言，经济学专业人才培养的国际化和复合型主要表现在国际语言文化沟通能力和国际化商业视野上。"经济+"的国际型复合人才可以是"+外语""+文化""+旅游"或者"+外语+文化+旅游"等，结合学校多语种的特色资源，锻炼和培养学生应对国家经济发展和国际经济变化的各项能力，熟悉国际经济、贸易和金融方方面面的惯例和规则，同时具备跨文化交流能力和创新能力。应用型人才培养体系的改革和完善也是外语类院校经济学专业人才培养的重要内容，其不仅重点强调学生理论联系实际的应用能力和服务国家社会、服务人民的实践能力，而且将学科理论教学体系与实践教学体系紧密融合。同时也注重经济学科的应用研究，结合外语院校的自身优势学科，开展跨学科和交叉学科的合作交流，加强与其他院校以及国际经济学领域的沟通合作，掌握规范化的应用研究方法，用前沿的学科理论知识来指导实践，为国家经济发展建言献策。

二、外语院校经济学专业人才培养体系
构建的探索与实践

在新时代背景下，外国院校经济学专业人才培养体系的改革和完善不能一蹴而就，需要不断地探索与实践。在已有高水平经济学专业人才培养体系构建的基础上，将应用强复合型创新人才和经济学科拔尖创新人才培养模式改革作为经济学专业人才培养体系改革的重要着力点和核心内容，在合理定位培养目标、改革完善培养模式、科学构建课程体系、创新改革培养制度、全面加强师资建设等方面开展一系列有效的探索研究和改革实践。

（一）合理定位培养目标

适应新时代发展要求和服务区域发展需要，既是高校经济专业人才培养的重要立足点，也是中国经济社会持续、快速发展的关键（逄锦聚，2008）。随着经济全球化的不断深化和中国文化"走出去"进程的不断推进，外语院校在对外民族文化宣传中承担着非常重要的角色。因此，为了更好地为中国特色文化"走出去"服务，外语院校要时刻以培养国际化应用强复合型创新人才和经济学科拔尖创新人才为特色，根据学生的个人兴趣爱好以及所擅长语种将经济学专业与外语专业融合，实施"经济+"的复合型专业人才培养模式，把握规范化和前沿化的教学、科研及管理水平，打造跨学科、多语种、国际化的学科建设特色。

基于"以人为本"的培养理念，结合院校特色专业，立足现有的学科发展基础，以提高人才培养质量为主要目标，结合已有的本科、硕士等一体化人才培养模式，重点培养应用强复合型创新人才和经济学科拔尖创新人才。其中，对于经济学专业的本科生培养重点在于基础理论知识的传递和塑造，旨在培养宽口径、厚基础的经济"通才"，为进一步培养复合型综合创新人才和经济学科拔尖创新人才做储备。对于硕士阶段的人才培养，则以复合型综合创新过渡人才和经济学科拔尖创新过渡人才为主要目标。根据学生职业规划和求职意愿，对人才进行分层分类。对于直接面向市场需求的复合型综合创新人才培养要将理论与实践相结合，将外语院校的自身特色以外向型能力特征体现在学生的培养过程中，并且高度重视校企合作，增加学生实践能力的锻炼和培养。对于经济学科拔尖创新过渡人才，以马克思主义经济学作为指导思想，重视现代经济学理论和研究方法的教学与研究，同时加强科研创新训练与社会实践锻炼，培养经济学理论基础扎实、数据统计分析能力强、知识结构合理、创新研究能力高的学科拔尖人才（徐群芳、余杨，2019）。面对新时代中国经济的发展，以为经济和社会服务为主旨，培养各类毕业生具备从事运用经济理论研究社会经济现象、维护社会经济运行与发展以及从事各类经济管理和推动经济国际化等方面的工作，为中国特色社会主义经济建设服务。

（二）改革完善培养模式

外语院校经济学专业人才培养模式的改革和完善需要扎根各个学校的实际情况，基于多个维度开展。首先，基于理论模式的构建和完善。通过教学探索和实践，构建针对经济学专业人才培养的层级理论模式。对于北京第二外国语学院而言，已经完成了从 1.0 的"基础复合"阶段到 3.0 版"自己要学"阶段的复合型人才培养模式创新升级。在语言专业与经济学天然交叉复合式培养的前提下，先是通过各类实验班对这种交叉培养模式进行探索和实践，之后在创新升级过程中取消已有的传统培养模式，而是通过打通专业壁垒，建立跨学科专业选课平台，将学生的复合需求内嵌入"主—双—辅"培养方案。在此基础上，可以进一步向 4.0、5.0 等版本进行升级，由学生"自己要学"逐步完善升级到"如何学""如何高效学"等培养模式。高效利用学校的特色优势资源，将旅游、文化、外语与经济学各学科进行深度、创新融合。其次，继续借力并进一步助推北京市教委系列人才培养改革项目，将校内的单一交叉培养进一步发展成多维度和多渠道的跨校、跨国、跨专业交叉复合培养，并加大校企合作，进一步丰富外语院校跨学科人才培养改革措施和内容。最后，遵循"以人为本"的教育理念，把选择权交给学生，不断鼓励学生根据自身发展的需要在一定范围之内灵活选择跨学科的专业课程，并根据社会发展所需为学生提供多元化培养方案，努力践行"以学生为中心"的教学理念。

（三）科学构建课程体系

外语院校凭借其独特的外语资源优势，可以实现外语专业与经济学专业的自然融合。根据学校不同的优势语种，结合学校整体的办思路和学院经济学专业设置特点，人才培养的课程体系设计方面可以不断优化和改进。"经济+"的应用复合型创新人才和学科拔尖创新人才的培养可以从经济学交叉复合专业、"经济+外语"交叉复合专业和全英文经济专业这三种模式进行课程体系的改进和完善。

对于经济学交叉复合专业的课程体系需要集中经济学理论的学习和应用，随年级的不同而设置初级、中级到高级经济学相关理论课程的学习，包括贸易经济（文化贸易）、国际贸易、基础经济学以及国际金融等基础学科理论进行交叉融合，融会贯通，并且结合社会经济发展的需要，以一定的实践操作作为辅助，培养学术理论联系实际的应用能力。"经济+外语"交叉复合专业课程体系完善需要设置相关经济学某语种方向的课程体系，将基本经济学专业与多种语言类课程交叉设置，超出普通经济类院校仅英语相关课程体系的限制，既包括经济学基础原理的课程，也包含各种外语类课程的学习，培养面向国际化的复合型创新人才。然而，目前全英文经济专业模式的课程体系构建仍处于探索阶段，为了进一步满足和应对经济全球化发展对多元、复合型人才日益增长的需求，实现专业教育国际化的教学改革和经济学专业的国际化教学质量提升，培养一批具有国际视野、服务外向型经济发展需要、掌握多语种沟通能力的国际化复合型综合应用创新人才。在具体课题体系的改革完善过程中，可以借鉴国外优秀商学院的课程体系，做到开放化和前沿化的深度融合。不同类型不同层次的专业课程体系构建和升级需要以经济学课程为基础，将优势多语种作为媒介和工具，基于"经济+"的具体方向，通过多元化专业课程设置，可以有效提升学生知识范围和综合素质，实现人才精准匹配和培养。

（四）创新改革培养制度

深化产教融合、校企合作，改革创新人才培养制度和模式，加快建设一流大学和一流学科，实现高等教育内涵式发展。对于外语院校的经济学专业人才培养制度相比其他综合类或财经类院校，更加注重跨学科交叉培养体系的改革完善，这种跨学科优势会使外语类院校的经济学专业人才培养在创新思维、创新能力方面的力度相对较弱，学生对科学钻研的兴趣也相对较小，与此同时各类科研活动的机会也相对匮乏，这与外语类院校自身的竞争优势和特色密切相关。因此，为了更好地增强外语类院校经济学专业人才的综合竞争力，在人才培养制度上也需要不断地创新和改革。

首先，强化课外实践。在基础科研方面，充分利用社会资源，增加学生与众多经济学方面权威专家的沟通和交流机会，提供更多专业方面比赛和实践的机会，这可以弥补学生在专业课程和学术研究方面兴趣不浓厚所带来的影响，从而更好地巩固和运用所学理论。此外，还要加强校企合作。因为经济学专业本身就具备着较强的实践性特点，必然需要与企业、社会机构建立良好而持久的合作关系，为学生接触社会提供更多配套的实践机会。同时，可以定期聘请企业高管、创业导师或者外校知名教授作为兼职或者客座教师为经济学相关领域的学生进行教学和讲座，通过结合企业实际案例、自身创业历程或者各具体领域的学术前沿进行理论与实践的联系。当然，这也在一定程度上对教师工作质量的提高有促进作用，有利于教师增加对实际工作流程、工具和方式的深入了解，将理论与实际相结合，教学相长，进而为开展更加具有实操性的教学工作提供参考和帮助。其次，增加国际交流的机会，拓展学生的国际化视野。在课程设置体系中可以增加国际交流环节，让学生充分吸收和利用优质的国际经济资源。外语类院校应该积极稳固并开拓新的国际交流资源，在多语种的基础上进一步加大国际办学的力度，利用更多国际先进资源为学生提供多种长、短期国际交流的选择和机会，在形式上可以多样化，在一定期限内设置短期访学、海外带薪实习、海外志愿者及短期实习实训等项目。特别是对于"经济+外语"的专业培养模式，应大力鼓励经济学专业的学生走出去，处于真正的外语母语语言环境中，去感受和融入国际化的学术氛围和真实的海外生活。在提高语言水平的同时，也可以培养学生跨文化交际能力和国际合作意识，拓展学生的国际化视野和商务处理能力。

（五）全面加强师资建设

教师是人类灵魂的工程师，是人类文明的传承者，承载着传播知识、传播思想、传播真理、塑造灵魂、塑造生命、塑造信任的时代重任。面对日新月异的国际经济形势，各高校都在积极探索和创新改革经济学专业应用复合型创新人才和学科拔尖创新人才的培养模式，对于外语院校来讲经济学专业人才培养模式的改革任务更加迫切，而教师在其中的重要作用不言而喻。

首先，要加强师德师风建设，不断提高教师队伍的综合素质，高素质的师资队伍是教育质量得到保障、教学目标得以实现的关键，能够为人才培养体系和模式的改革创新奠定重要基础。其次，不断提高教师队伍的专业素养，提升教师的教学研究能力和国际化水平。因为在新时代背景下，教师队伍的素质、能力以及知识是学生培养质量的关键因素，外语院校经济学专业教学质量在很大程度上是取决于教师的专业素质以及教学能力。作为一名外语院校经济学专业的教师，第一，要有开放而前沿化的教学理念，紧跟学术潮流和社会经济的发展步伐。同时要善于采用先进的教学手段，改变传统教学模式给学生带来的审美疲劳，不仅可以帮助学生更好地掌握理论知识，而且有利于更好地应对突发事件的发生。例如，2020年初突如其来的新型冠状肺炎病毒，作为一名大学教师要能够及时灵活地采用网络技术，有序开展线上授课，使学生在安全环境中实现"停课不停学"。第二，对于外语院校师资队伍专业素养的提升还需要有扎实的语言功底以及丰富的专业知识和跨文化沟通能力。只有这样才能为学生树立优秀榜样，促进学生综合能力的提高。第三，提前对教师组织相应的培训和考核，使其具备相应的授课能力和完整的知识体系，进而组建更好的教学团队。

另外，不断提高教师队伍的教学能力，创新教学方式。一方面，逐步实现"重教"转向"重学"。教师虽然身负为学生传道授业解惑的重大责任，但是方式方法的选择直接影响学生的吸收程度。教师要突破已有的教学理念，采取互动式的传授方法，积极引导学生探索知识、管理知识和运用知识。以学生为主，充分发挥学生的能动性，通过建立合作、沟通、创造、生成的互动关系，进而培养学生发现问题并独立解决问题的能力。另一方面，逐步实现"直接向学生传授知识"向"培养学生学习综合能力和创新能力"转变。教师在传授知识的同时，要更加注重对学生能力的培养，通过拓展学生的知识视野而达到启发学生创造性思维的效果，让学生在更深的层次上学习、探索，以学习者、探索者的姿态在感知思维的过程中发现真理、掌握知识，进而提高学生语言的综合能力（吴征，2019）。同时结合课外实践机会，进一步锻炼和培养学生理论联系实际的创新能力。

三、总　结

习近平总书记在党的十九大报告中指出，中国特色社会主义进入了新时代，这是我国发展新的历史方位。同时，我国经济发展也进入了新时代，已经由高速增长阶段转向高质量发展阶段。推动经济高质量发展是当前和今后一个时期确定发展思路、制定经济政策、实施宏观调控的根本要求。面对中国新时代的发展背景，高素质复合型经济学人才的培养刻不容缓，为外语院校，经济学专业人才培养体系的创新与改革更加迫切。因此，以习近平新时代中国特色社会主义思想为指导，深入贯彻党的十九大和十九届二中、三中全会精神，深入学习贯彻全国教育大会精神，紧紧围绕培养什么人、怎样培养人、为谁培养人的根本问题，立足于新时代中国经济发展现实，通过合理定位培养目标、改革完善培养模式、科学构建课程体系、创新改革培养制度、全面加强师资建设等方面不断完善外语院校经济学专业人才培养总体方案和培养体系，为中国特色社会主义建设培养更多应用复合型创新人才和经济学科拔尖创新人才，为实现中华民族伟大复兴的中国梦而努力奋斗。

参考文献

[1] 逄锦聚．关于我国经济学教学改革的若干问题 [J]．中国高等教育，2008（5）：31-33.

[2] 吴征．"一带一路"背景下的民办院校外语专业人才培养模式的新思路 [J]．中国多媒体与网络教学学报（上旬刊），2019（5）：88-89.

[3] 徐群芳，余杨．"双一流"高校经济学专业人才培养模式研究 [J]．宁波大学学报（教育科学版），2019，41（1）：76-82.

教学方法

金融专业双语教学"翻转课堂"视频资源的利用

赵宇华①

一、引 言

以多媒体、计算机、互联网为代表的信息技术革命正在推动教育领域的巨大变革。2012 年大规模在线开放课程（Massive Open Online Course，MOOC），作为一种新型在线教育模式闯入大众视野，被誉为"印刷术发明以来教育最大的革新"。MOOC 出现的一个重要意义在于有助于改变课内与课外的关系，推动"翻转课堂"（Flipped Class Model）教学模式的普及。"翻转课堂"，就是在信息化环境中，课程教师提供以教学视频为主要形式的学习资源，学生在上课前完成对教学视频等学习资源的观看和学习，师生在课堂上一起完成作业答疑、协作探究和互动交流等活动的一种新型教学模式。

翻转教学大范围应用和推广的一个重要的实施障碍是制作教学视频。在现实中，并非每一位教师都能制作较高质量的教学视频。然而，慕课在国内外的迅猛推行有望克服这一"瓶颈"。教师如果善于利用国内外优质的 MOOC 资源，也能更轻松地采取翻转课堂教学。尤其是对于采取双语教学的外语院校金融专业而言，国外的 MOOC 平台为其提供了广泛而宝贵的微课件资源。本文试以金融专业双语教学为例，对相关资源进行梳理，以

① 赵宇华，辽宁沈阳人，北京第二外国语学院经济学院金融系副教授，经济学博士，研究方向：公司财务、公司并购。

为教师实践提供一些参考资料。

二、"翻转课堂"国内外研究和实践进展

"翻转课堂"概念的提出始于 2000 年。Lage 和 Platt（2000a，2000b）在经济学教育杂志上发表了两篇这方面的文章，但在实践领域的推广则是由 2008 年美国科罗拉多州林地公园高中教师乔纳森·伯格曼和亚伦·萨姆斯两名中学教师引领的。随着 MOOC 的井喷式发展，"翻转课堂"的理念在北美被越来越多的学校所接受并逐渐成为教育教学改革的一波新浪潮。

近几年，国内对翻转课堂的重视也日益凸显。在实践探索方面，重庆市聚奎中学走在了全国的前列，成为国内基础教学领域翻转课堂实践的一面旗帜。在高等教育领域，华中师范大学的王忠华、谷跃丽在《计算机应用基础》教学中尝试了翻转课堂，北京航空航天大学的吴文俊也在计算机专业课程中积极推动翻转教学。

随着翻转课堂实践的不断深入，与翻转课堂相关的研究日益增多。2011 年，乔纳森·伯格曼和亚伦·萨姆斯出版了专著《翻转你的课堂：时刻惠及课堂上的每位学生》，在书中作者通过自己的亲身经历与广大读者分享了翻转课堂的实践经验和理论总结，该书受到了国际教育技术协会的大力推荐。目前，国内外有关翻转课堂的研究涉及经济学、数学、机械工程等不同学科，其主要议题集中在翻转课堂的概念与一般特征、翻转课堂与传统教堂的对比研究、翻转课堂的理论基础，翻转课堂的教学设计和实施策略、翻转课堂中微课程教学设计模式。代表性的研究如张跃国等（2012）、桑新民等（2012）、曾贞（2012）、张金磊等（2012）以及何克抗（2014）对翻转课堂进行了较为系统的引介或述评；钟晓流（2013）、王忠华、谷跃丽（2013）、黄燕青（2013）、张其亮（2014）对翻转课堂的教学模式设计进行了研究；至于翻转课堂的理论基础，目前学者比较一致性的观点是其并无创新，正如乔纳森·伯尔曼和亚伦·萨姆斯在他们的网站上声明，翻转课堂模式并非源自新的教育和学习理论，其采用的仍然是为广大教师所熟悉的"掌握学习"法。翻转课堂的教学模式设计也是以建构主义为理论框架，以协作学习、发现学习等为学习策略，教师在教学过

程中为学习者提供指导，学生成为学习过程的中心，教师是学生进行学习的主要促进者和指导者。

短小精悍的教学视频（也被称为微课）是翻转课堂资源最为重要的组成部分（钟晓流，2013）。教学视频通常针对某个特定的主题，长度维持在 10 分钟左右，通过媒体播放器，可以实现暂停、回放等多种功能，便于学生在学习课程中做笔记和进行思考，有利于学生的自主学习。不过，视频资源制作的难度性制约了广大教师开展翻转课堂的积极性，这也可能正是目前国内的翻转课堂以计算机专业老师推动为主的原因。有鉴于此，本文拟对目前国内能检索到的微课程资源进行梳理，为教师开展翻转课堂教学提供依据。

三、国内可利用的翻转课堂资源

国内可利用的翻转课堂资源主要包括两类：一是可汗学院提供的大量优质微视频资源；二是国内外优质慕课平台或网络开放课程提供的资源。

（一）可汗学院

可汗学院由孟加拉裔美国人萨尔曼可汗于 2004 年创立。起初，他仅是为了远程辅导亲戚家的小孩学习数学，后来他将视频放到 YouTube 网站上，供其他有需要的人士免费观看和学习。由于好评如潮，受到鼓舞的萨尔曼可汗将其视频内容逐渐拓展到各个学科，并在此基础上创立非营利的教学网站"可汗学院"。2010 年秋天，可汗学院先后接到了两笔重要捐助：一笔是比尔·盖茨夫妇的慈善基金捐助的 500 万美元；另一笔是谷歌公司赞助的 200 万美元。

目前可汗学院教学影片超过 2000 段，内容涉及数学、历史、金融、物理、化学、生物、天文学等科目的内容。在金融经济领域涵盖了宏观经济学、微观经济学、货币银行学、金融学、风险投资与金融市场五个栏目。金融教学中的一些基本概念如利息、复利、现值、收益率曲线、股票、债券的价值评估、金融衍生产品的设计原理、银行业务与监管等均有涉及。其课程内容还紧密关注金融实践，针对美国金融危机的产生原因、救助政策也设计了数十个微视频，可供学生专题讨论之用。其视频短小精悍，概念讲解注重图例和计算，清晰明了，中国学生可借助网易公开课平台直接登录，无须用户名、密码，方便快捷，是金融教学，尤其是双语金融教学翻转课堂实施的最重要资源。

（二）国外优秀的慕课资源

Coursera、edX、udacity 被称为 MOOC 世界的"三驾马车"。几乎所有著名的全球顶尖大学都在 edX 上开设了自己的 MOOC 课程。然而由于语言和网络的限制，中文学习者很难享受到 MOOC 所带来的好处，但目前这一形势得到了改观。

2013 年 5 月清华大学正式加入 edX，并成立由计算机系、交叉信息研究院、社科学院和教育研究院联合组建的 MOOC 教育研究中心，组建"学堂在线"研发团队。目前中国学生可通过学堂在线网站学习 edX 课程。不足之处是该平台上的金融类课程比较少，仅有清华大学经济管理学院肖星副教授开设的《财务分析与决策》，是中文授课。这门课程从认识财务报表开始，逐步分析财务信息的架构体系，讨论财务数据与行业、战略定位与战略执行的关系，剖析企业的价值创造过程、运用财务数据进行商业决策。

另一个更适合中国学生登录的慕课平台是由美国斯坦福大学两名电脑科学教授安德鲁·恩格（Andrew Ng）和达芙妮·科勒（Daphne Koller）创办的 Coursera。Coursera 首批合作院校包括斯坦福大学、密歇根大学、普林斯顿大学、宾夕法尼亚大学等美国名校，是目前发展最大的 MOOC 平台，拥有相近 500 门来自世界各地大学的课程，门类丰富。其中，金融和经济类课程有 60 多门，基本涵盖了金融学核心课程，具体如下：

（1）美国密歇根大学 Gautam Kaul 教授讲授的《金融导论》内容涵盖了货币时间价值、风险与收益、现金流以及股票债券的价值评估和资本预算。

（2）宾夕法尼亚大学沃顿商学院提供的金融系列核心课程《公司金融》，由 Franklin Allen 教授讲解，其在以市场为导向的框架内分析公司所做的重大金融决策，包括 NPV 法则、资本运算原则、资产评估、金融市场的运作和效率、公司的金融决策以及金融衍生产品。

（3）哥伦比亚大学商学院 GarudIyengar 和 Martin Haugh 教授提供的

《金融工程与风险管理》，内容涉及远期、期货和掉期、对期权以及一期二项式模型、多期二项式模型和风险中性定价、期限结构模型和固定收益衍生证券定价、信用衍生产品、对抵押贷款数学和住房抵押贷款证券、资产配置和投资组合优化、资本性资产计价模型（CAPM）、投资组合选择中的统计偏差、实践中的股权衍生工具、信用衍生品和高斯关联结构模型、风险管理：情景分析和压力测试以及实物期权以及算法交易。

（4）芝加哥大学 John Cochrane 教授讲授的《资产定价》，该门课程适合研究生教学，内容包括连续时间随机模型快速简介、具有挑战的事实和基于消费的模型概述、金融中的经典问题；均衡，或有索取权，风险中性概率、状态空间表示，风险分担，积聚，折现因子的存在、均值方差前沿，β 表示，条件信息、因子定价模型、价值溢价，法马—佛伦奇模型、期权和债券，相对定价，期限结构定义、期限结构模型、投资组合理论。

（5）耶鲁大学罗伯特·希勒（Robert Shiller）讲授的《金融市场学》，涵盖金融和风险管理原则、有效市场和行为金融、债券和权益、房地产市场及监管、期货和期权、金融市场的基础设施，能聆听诺贝尔经济学奖获得者亲自讲授金融市场学，将是金融专业学生的一大幸事。

（6）华盛顿大学 Eric Zivot 教授开设的《金融计量学导论》，采用 Excel 和 R 编程语言分析金融数据，具体包括计算资产收益、单变量随机变量及分布、双变量分布、随机变量中的协方差，相关，自相关，和线性组合；时间序列；矩阵代数；描述性统计；恒定的预期回报模型、蒙特卡罗模拟法、标准估计误差、置信区间、引导指令标准误差和置信区间、假设检验、最大似然估计、回顾无约束最优化、最佳证券投资理论导论；含矩阵代数的最佳证券投资理论、回顾约束优化、马克维茨算法、使用解算机和矩阵代数的马克维茨算法、高效投资组合的统计分析；风险预算、欧拉定理、衡量投资组合的风险、单指数模型、使用简单线性回归、估值等。

（7）香港中文大学教授 Joseph Yam 和 Terence Tai-Leung Chong 开设的人民币在国际货币体系中的作用，课程从不同角度探讨了人民币的国际化问题，其中包括国际货币制度改革，人民币国际化所面临的机遇和挑战，中国货币的演变与汇率政策，以及人民币国际化对香港的影响。

上述视频均为英文，每一讲分为 5~6 段视频，每段视频 10 分钟，非常适合帮助学生掌握金融学的基本概念。不足之处是其课程开设有固定的时间段，并不一定与教师的教学进度匹配，因而使用上存在限制。此外，

Udacity 平台虽然成立时间最早，但其以计算机类课程为主，不适合金融专业教学，这里不再赘述。

（三）公开课资源

网易公开课上提供的一些国内外名校金融方面的教学资源，使用上不受任何时间限制，是老师翻转课堂视频资源的另一个重要资源。具体如下：

（1）国立台湾大学陈明贤教授的《财务管理》，课程着重阐述财务理论之基本架构与内涵，及企业经理人各大财务决策，如投资决策、融资（资本结构）决策、股利政策、合并与购并，以及营运资金决策等内容及实务做法。

（2）对外经济贸易大学张新民教授讲解的《企业财务报表分析》，该课程把企业设立、经营与扩张等各种活动与财务报表的外在表现结合在一起，站在管理的视角对企业财务报表进行了全新的解读。课程的核心部分包括财务报表信息的战略解读、竞争力分析、企业效益及其质量分析、企业风险及前景分析等。课程突破了传统的财务比率分析，将报表内容与企业管理的实际紧密结合起来，并融入了企业财务报表分析的最新案例。

（3）乔治·华盛顿大学伯南克（Bernanke）的公开课《美联储与金融危机》，主要讲述了联邦储蓄和金融危机：美联储的起源与使命；"二战"后的美联储；美联储对金融危机的应对和危机的后果。

（4）北京师范大学赵春明教授的《走进经济全球化》，主要包括经济全球化的历史演变、经济全球化条件下国际贸易的纵深发展、国际金融的持续扩张和国际投资的迅猛增长等。

四、结　论

本文以金融学专业核心课程为线，对国内师生可利用的主流慕课资源进行了初步的梳理，期盼能抛砖引玉，带动更多的教师一起关注这些世界上最优秀的教育资源，使国内学生也能有机会免费获得全球优质教学资源。同时，翻转课堂在现代教育中的应用还需老师进行其他配套改革，比如教育组织结构的重组、教学计划与方案管理的变革、教学组织与实施管理的变化、教学评价与质量管理的变革、教学价值利益的重建。信息技术对教育的变革已经是不能阻挡的历史洪流，翻转课堂作为一种更符合人类认知规律的教学模式自身有着难以抗拒的魅力，推进优秀教育资源全球共享、全民共享的进展，每个教师都责无旁贷。

参考文献

［1］何克抗. 从"翻转课堂"的本质，看"翻转课堂"在我国的未来发展［J］. 电化教育研究，2014，35（7）：5-16.

［2］黄燕青. 翻转课堂中微课程教学设计模式研究［J］. 软件导刊，2013，12（6）：157-159.

［3］老松杨，江小平，老明瑞. 后 IT 时代 MOOC 对高等教育的影响［J］. 高等教育研究学报，2013，36（3）：6-8.

［4］任友群."慕课"下的高校人才培养改革［J］. 中国高等教育，2014（7）：26-30.

［5］王忠华，谷跃丽. 基于翻转课堂教学模式的教学应用探究——以"使用 PPT 制作电子相册"为例［J］. 中国信息技术教育，2013（6）：118-120.

［6］张其亮，王爱春. 基于"翻转课堂"的新型混合式教学模式研究［J］. 现代教育技术，2014，24（4）：27-32.

［7］钟晓流，宋述强，焦丽珍. 信息化环境中基于翻转课堂理念的教学设计研究［J］. 开放教育研究，2013，19（1）：58-64.

［8］Lage M. J.，Platt G. J. The Internet and the Inverted Classroom［J］. The Journal of Economic Education，2000a，31（1）：11.

［9］Lage M. J.，Platt G. J. Inverting the Classroom：A Gateway to Creating an Inclusive Learning Environment［J］. The Journal of Economic Education，2000b，31（1）：30-43.

外语院校经济学基础课双语教学模式探讨

刘 畅[①]

双语教学是用两种语言作为教学媒介语，在教学过程中，有计划、有系统地使用两种语言作为教学手段，使学生使用外语学习专业知识的能力得到提升的教学实践。在中国，双语教学是指除汉语外，用一门外语作为课堂主要用语进行学科教学，目前绝大部分是用英语。按照英国朗曼出版社出版的《朗曼应用语言学词典》的解释，"双语教学"的英文是"Bilingual Teaching"，它是指语言学术界经常说的"英语作为外语的教学"（Teaching English as a Foreign Language）或"英语作为第二语言的教学"（Teaching English as a Second Language）。开展双语教学，对学习者而言是"通过外语学习专业学科知识"，对教师而言，是"通过外语教授专业学科知识"。近年来，很多高校都展开了双语教学实践，作为外语类院校，学生整体英语水平较高，双语课程的开设具有良好的语言基础，但如何发挥学生英语较好的优势，且在经济学基础课中适当引入英语元素从而取得更好的课堂效果值得深入探讨。

一、经济学基础课双语教学的目的

使用外语进行学科教学大大增加了学生运用外语的机会，因此很多高校在进行双语教学实践时，将目的界定为弥补外语教育的低效与不足，提

---

① 刘畅，黑龙江哈尔滨人，2014年毕业于中国人民大学，获经济学博士学位，美国圣何塞州立大学访问学者。现为北京第二外国语学院经济学院副教授，硕士生导师。研究领域：消费经济、会展经济。

高学生的英语能力，让学习者能同时使用汉语和英语进行思维，并能在这两种语言之间根据交际对象和工作环境的需要进行自由的切换。然而，基于"提高外语水平"的目标定位，很多双语教学实践并未取得预期效果，个别学者还对双语教学实践持否定的态度。事实上，双语教学具有"语言目标"和"知识目标"双重目标，在未能基于学生语言水平和专业知识水平的情况下，追求双重目标的同等实现往往适得其反。

笔者认为，外语是一种语言和思维工具，双语教学并不能从根本上解决学生用专业知识分析具体问题的能力。外语院校经济学基础课双语教学的目标不是为了"英语化"，而是通过双语教育开阔学生的视野，提高专业素养。第二种语言的引入不能忽视学科知识的传授及其科学性，双语教学"知识目标"大于"语言目标"，语言（英语）服务于专业知识。经济学基础课的核心任务是让学生掌握基本的经济学原理并训练学生运用经济学原理分析和解决实际问题的能力。课程的核心任务可分为三个层次：第一层，理解和掌握经济学的经典理论和方法；第二层，培养学生基本的经济分析能力，如认识资源配置现象、解释经济生活中资源配置问题等；第三层，培养学生的经济决策能力，包括制定实际政策和策略的能力、使用经济学模型解决实际问题的能力以及对经济政策进行批判性思考的能力。因此，双语教学在经济学基础课中的引入应对不同层次的学生，分别实现"用英语学习经济学""用英语表达经济学""用英语研究经济学"。从这个意义上来说，外语院校的双语教学不只是用英语教学，更强调通过英语来学习专业知识，在经济学专业基础课程中使用双语教学应侧重于拓宽学生的视野，培养学生阅读英文原版教材和资料的习惯和能力，接触本学科的最新进展，从而提高学生对经济学专业知识的理解水平。

二、经济学基础课双语教学的课前准备

在课堂教学展开前，应充分评估学生的英语水平，基于学生能力设置双语教学任务目标，选择适用的教材。

1. 基于学生能力设置双语任务

开展双语教学首先要对学生的英语能力有清醒的认知。经济学课程的教学内容理论抽象且覆盖面广，涉及知识点多，若缺乏相应的社会经验，未形成经济学思维方式，部分学生用汉语也很难理解和掌握这门课程。在这样的课程中开展双语教学，对于英语水平较差的学生，不仅不能实现专业知识和英语水平双丰收，反而降低学习热情，产生英语和专业知识双重障碍，导致专业知识和英语水平双输的局面。张波（2009）通过调查显示，学生英语水平制约双语教学过程中学生专业学习的动力。在他的调查中，未通过大学英语四级考试的学生中有超过72%的学生认为在国际经济学课程开设双语教学已成为其学习负担，已通过大学英语四级考试的学生中有超过50%的学生认为在国际经济学课程开设双语教学已成为其学习的负担。根据以往经验，通过国家英语四级考试的学生阅读原版教材的能力还相当差，即使通过了英语六级，学生阅读原版教材也存在较大问题，在专业知识较为陌生、理论性较强的学科中，学生的阅读速度很难跟上教学进程，需要大量的课前预习和课后复习，否则全英文的教学模式就无法保证教学质量。因此，双语教学必须把学生的英语负担控制在合理水平之下。

2. 选用适当的教材

在课堂教学中指定教材通常是学生掌握教学内容的主要参照依据，学生信息获取来源相对有限，所以双语教学的一个重要前提是教材的适用性。对于经济学基础课来说，英文原版教材和中文教材都有比较经典的版本。现有的经济学课程双语实践大部分采用英文原版教材，这样做的好处是能让学生系统地学习西方的经济学理论和实践成果，着力在学习专业知识的同时提高学生的英语水平。但其弊端也很明显，既要消化全英文教材，又要掌握知识点，无论是在课堂授课还是在自主学习中，双语课程的难度都明显大于普通课程。在一项对吉首大学的双语教学效果评价中，选择英文原版教材和中文教材的比例分别为17.91%和5.97%，28.36%的学生选择英文教材辅以中文教材，47.76%的学生选择双语教材。

笔者认为，在经济学基础课的双语教学中，中文教材和英文原版教材的配合使用是较好的方式。本科生微观经济学和宏观经济学课程的课时都较少，原版教材篇幅较长，受课时量和学生阅读速度限制，按照原版教材教学不利于学生知识点的掌握，但国外教材在可读性和趣味性上较国内教材有较大的优势。在国外，相当多的经济学教材都是一流学者撰写的，作者一般既是学者，又是教师，有丰富的教学实践经验。教材出版周期短，不断添加最新的前沿动态，教辅材料一应俱全，案例较多且很有时代气息，很有参与性，许多问题没有绝对标准的答案，有助于启发学生思考。国外原版教材通俗易懂，如果语言不构成障碍，阅读原版教材反而更容易理解某些经济学原理。相比之下，国内教材内容更新慢，缺乏对前沿动态的跟踪，且绝大多数教材停留在理论的讲解与说明上，案例与应用很少。因此，在课堂教学中，可以采用以本土教材为主，强调知识点，以英文原版教材作为辅助阅读资料，强调阅读与理解。

三、经济学基础课双语教学的组织

双语教学实践的重点和难点在于如何进行课堂组织，哪些环节用中文完成，哪些环节进行英语教学。值得注意的是，英文传授的内容不应是该学科正常教学所传授知识的翻版，双语教学部分应成为该学科常规教学的补充与延伸，而非以外文形式的知识重复，这就需要对课堂教学进行精心设计。

1. 课堂教学

经济学课程理论性较强，使用母语讲授，学生对有些问题的理解也会存在一定难度，如果简单地使用"沉浸式教学"全英文授误，则有可能老师在讲台上眉飞色舞，学生在下面听得云里雾里，使课堂教学变成"独角戏"。盲目追求教学环节中英文使用比例的提高，必然影响学生对课程内容的理解。

外文原版教材的发散性、跳跃性和大篇幅是中国学生最不适应的地方，为了解决这种不适应，教师应熟练把握知识体系，提炼原版教材中的精华，将其融入课堂教学之中。笔者认为，对于初学者而言，课堂讲授和PPT课件内容都应该采取中英文两种语言的方式，但这里的两种语言并非将内容相同的中文和英文同等程度地展现在课件当中，而是有所穿插，其目的是让学生更好地理解经济学中的基本概念和基本原理。那么，在哪些地方，如何穿插中英文效果较好呢？笔者认为，包括以下几个方面：

第一，基本概念应给出英文表述。例如，在学习国内生产总值（GDP）这一概念时，应既强调国内生产总值的含义（经济社会在一定时期内运用生产要素所生产的全部最终产品的市场价值），又强调 GDP 的英文含义（Gross Domestic Product），事实上，Gross Domestic Product 能够帮助学生更简洁明了地理解 GDP 的含义，并且在跟 GNP（Gross National Product）进行名词辨析时，用 Domestic 与 National 的含义对比也更容易让学生理解"国土概念"和"国民概念"的差异。例如，讲"机会成本"，有必要介绍它的英文翻译"Opportunity Cost"；讲"看不见的手"有必要介绍它的英文表述"Invisible Hand"。此外，通货膨胀（Inflation）、外部性（Externalities）、市场势力（Market Power）、市场失灵（Market Failure）等基本概念，都应使学生掌握它们的英文表述，以便学生在阅读英文材料的时候能够识别这些专业词汇。

第二，用英文对专业词汇进行解释。由于微观经济学和宏观经济学源于西方，有些语句翻译成中文后并不容易理解。因此，可以适度借助英文去解释一些初学的专业词汇。例如，给学生展示"机会成本"的英文解释——The Opportunity Cost of any Item is Whatever must be Given Up to Obtain it.

第三，用英文引入浅显易懂的例子。例如，在讲"机会成本"这一知识点时，举例"Going to College for a Year is not just the Tuition, Books, and Fees, but also the Foregone Wages""Seeing a Movie is not just the Price of the Ticket, but the Value of the Time you Spend in the Theater"。

第四，采用英文原版教材中的图表。图表内容直观，不易受困于语言的影响。英文原版教材中的图表往往更生动易懂，可以在授课过程中直接采用。

2. 课后作业与课堂讨论

国外侧重于启发式教育，主张给予学生充分的思维和想象空间，倡导"教"与"学"的互动性。双语教学的实施应吸收这些先进教学理念。在浙江大学城市学院与澳大利亚南昆士兰大学合作办学的双语教学实践中，在正常的课堂教学之外还设置了每周 2 小时的辅导课。辅导课为师生互动时间，采用小班教学模式，用于案例讨论或课程疑难问题讨论。虽然另设辅导课的形式在北京第二外国语学院很难复制，但在双语教学中增加英文教材阅读与互动讨论环节的做法确实值得借鉴。外文原版教材中大量生动的案例、思维拓展型的习题、轻松互动的课程引入案例等是启发式教育理念的突出体现。因此，笔者认为经济学基础课双语教学中可采取以下做法：

第一，案例教学法。案例既是帮助学生理解经济学基本概念、经济学相关原理的工具，也为学生认识现实中的经济问题、面对经济问题情境制定和实施经济政策提供了语境。原版教材中穿插着大量简单生动的大小案例，为案例教学提供了良好的素材。对于那些穿插在正文当中的小例子，可以让学生在课堂上现场阅读，随后提问学生，让他们用自己的话去叙述例子，让学生产生一个阅读—理解—阐述—掌握并记忆的过程。尝试把课堂还给学生，重视学生的主体作用，老师则主要起到启发和引导学生分析的作用。对于篇幅较长，需要5分钟以上阅读时间，对理解和掌握知识点有帮助的大案例，可以留作学生的课下阅读作业，在下一节课的课堂上进行讨论。这样一方面保证学生的课后阅读量，另一方面起到复习知识点的作用。值得注意的是，虽然英文版教材中的案例丰富，但英文教材的案例一般都来自作者的国家，我们要结合我国的情况来提出问题和补充相关资料，以增强学生的现实感。

第二，讨论式教学。虽然经济学是理论性很强的课程，但是它对现实的解释力也很强。为了突出学生的主体地位，引起他们的注意力和兴趣，充分调动他们的积极性，应在教学中增加讨论环节。尤其是对那些综合了多个知识点的大案例，可以安排学生分组进行阅读和讨论，再在课堂上进行展示和分享。分组讨论的形式一方面能让学生有分工，降低每个人的工作量；另一方面告诉学生答案不止一个，让学生有交流互动，克服对经济学学习的畏难情绪，积极探索。

3. 成绩考核和效果评价

在课程双语教学过程中，应采取"结果与过程"并重的原则，采用闭卷考试与课堂考核相结合的方法对学生进行考核。闭卷考试着重考核学生基础知识的掌握情况，以基本理论与原理的考核为主，占成绩总评的60%。课堂考核着重考察学生的课堂参与情况、课后作业完成情况和知识实际运用能力，以学生到课情况、课堂案例阅读与发言（中英双语）、小组案例讨论与案例分析展示报告（中英双语）为考核要素，占成绩总评的40%。这样的考核方式，使学生充分重视学习的过程，而不是一味地以期末死记硬背的方式对待考试。

对于双语教学的效果评价，可在每学期期末进行教师和学生的双重评价。教师可以通过学生的课堂表现、期末闭卷考试成绩评价学生的参与程度与知识点掌握情况。与此同时，通过向学生发放问卷的方式，调查关于教材使用、学习难度、双语学习耗时、课程负担、学习效果等内容，并向学生征求意见、建议和改进措施。

四、总　结

必须注意双语教学只是手段，不是目的。教学的主要目的在于传授专业知识，而提高英语水平、吸收国外先进的教学理念都在其次。因此，不应该刻意追求全英文教学的完美形式，必须考虑学生的专业、年级、整体英语水平等，根据学生的特点决定双语教学的程度，并注意由浅入深，循序渐进。

在经济学基础课的课堂上，教师应适当安排英文和中文两种语言的比例，将母语和英语有机结合，不分主次，互为主体，发挥北京第二外国语学院学生的英语优势，缓冲学生语言思维压力，降低学生对经济学课程的畏难情绪。教学过程初期仍以母语教学为主，重要的定义、概念等既要讲明白它的中文含义又要普及它的英文翻译。随着学生对常见的专业词汇熟悉程度的加深，逐步增加英文的举例、解释和案例。

双语教学应营造轻松自由的课堂气氛、认真严谨的学术氛围、师生双方的有机互动这一独特的课堂文化。在这种和谐、宽松的教学环境下，充分调动学生学习的主动性，调动学生思维的活跃性。将课堂讲解与布置学生同步读书相结合，任课教师结合教材知识点，动态补充和更新知识，有针对性地添加一些带有经济学普及性和实效性的英文刊物与报纸作为对教材的补充，让学生自己动脑子，深入理解、掌握新知识。在课堂教学中要培养学生自主阅读英文原版教材的学习能力，以学科知识为载体，为学生创造一种学科英语知识的环境，使学生能用英语进行学科知识的交流，同时帮助学生养成良好的经济学思维。

参考文献

［1］姚清铁.《经济学原理》双语教学目标评价与因素分析——以南京财经大学为例［J］. 江苏社会科学，2012（51）：164-167.

［2］胡卫中. 国际合作项目中的微观经济学双语教学［J］. 高等工程教育研究，2010（51）：176-177+185.

［3］王雅璨. 经济学专业基础课双语教学实践探索［J］. 教育理论与实践，2007（51）：127-128.

［4］胡金焱，綦建红. 山东大学经济学院双语教学的实践与成效［J］. 中国大学教学，2008（4）：25+42-43.

［5］陈业玮，任雅静. 跨文化适应：中外合作办学中的经济学课程双语教学［J］. 高等工程教育研究，2010（51）：170-172.

［6］欧阳卉. 国际贸易专业双语教学效果评价及影响因素分析——以湖南省西部地方性高校吉首大学为例［J］. 现代商贸工业，2020（6）：167-168.

外语院校经济学基础课程的基本定位及教学效果改进探讨

李　萍①

一、引　言

在"双一流"建设背景下，外语院校经济学专业人才培养应突出内涵式发展，致力于培养既具备扎实的经济学专业知识，又具备过硬的外语能力的"经济学专业+外语特色"高素质、国际化、复合型人才。"基础决定高度"，经济学基础课程对于经济学专业人才培养具有重要作用。外语院校在保持外语优势和特色的同时，应强化经济学基础课程教学，提高教学质量、改进教学模式。

外语院校经济学基础课程的基本定位是什么？外语院校经济学基础课程的教学目标是什么？外语院校经济学基础课程的教学过程中面临怎样的困难和挑战？这些问题的研究对于外语院校经济学专业人才培养具有重要意义。为此，本文结合笔者自身的教学经验，分析外语院校经济学基础课程的教学定位、教学目标、教学难点及存在问题，探讨外语院校经济学基础课程教学效果的改进策略。

① 李萍，经济学博士，北京第二外国语学院经济学院讲师。曾任清华大学公共管理学院博士后、国情研究院助理研究员。主要从事国际贸易理论与政策、中国国情与发展等相关研究，开设课程：宏观经济学、微观经济学、国际经济学。

二、外语院校经济学基础课程的定位与价值

经济学基础课程是我国经济与管理类本科生必修的专业基础课程，主要包含微观经济学和宏观经济学两大部分。

（一）经济学基础课程的教学定位

外语院校经济学基础课程的基本定位主要体现在两方面：一是基础性课程；二是必修型课程。

1. 基础性课程

经济学基础课程是教育部规定的经管类专业的核心课程之一，也是外语院校经济学专业本科生的基础性课程。其中，微观经济学以单个经济单位（家庭、企业和单个产品市场）为研究对象，运用个量分析方法，侧重讨论市场机制下各种资源的最优配置问题，主要包括消费者行为理论、生产者行为理论、均衡价格理论、分配理论、一般均衡理论与福利经济学、市场失灵与微观经济政策等；宏观经济学以整个国民经济活动（包括家庭、企业、政府和外国四类经济活动）为研究对象，运用总量分析方法，侧重讨论经济社会资源的充分利用问题，主要包括国民收入决定理论、失业与通货膨胀理论、经济周期与经济增长理论、开放经济理论、宏观经济政策等。

经济学基础课程内容丰富，有助于学生掌握市场的基本经济规律、基本原理，理解现实经济现象及相关经济政策，分析经济问题的产生原因及应对策略，并且其基本理论、知识体系和研究方法可为后续经济学课程的学习奠定基础。

2. 必修型课程

经济学基础课程是世界各国高等院校经济与管理类本科专业的必修主干课程，也是外语院校经济学专业本科生的必修型课程。经济学是研究稀缺资源的配置和资源的利用，在有限资源的各种可供利用组合中，进行选择的科学。基于经济资源具有稀缺性的基本事实，对"生产什么""生产

多少""如何生产""为谁生产""何时生产"等问题进行评价、权衡并选取最优方案。

经济学基础课程主要讲授经济学的基本原理和基本分析方法，着重培养学生的经济思想和经济素质，注重引导学生使用经济学思维方式认识和解释经济现象，旨在使经济学专业学生掌握必备的基础理论、专业知识、基本技能和核心素养。

（二）经济学基础课程的教学目标

经济学基础课程在外语院校"经济学专业+外语特色"复合型人才培养中具有重要作用。经济学基础课程的教学目标主要在于：培养专业化、应用型人才。

1. 培养专业化人才

外语院校学生需要掌握经济学原理知识，这既是阅读理解经济学外文原版著作、翻译外文文献的基础，也是提高口译的准确性，正确、完整理解和简捷、传神表达的前提。外语院校经济学专业人才培养应以国际化培养为主线，以扎实的经济学专业知识和突出的外语特色为中心，为社会输送具备专业知识和专业技能的专业化人才。经济学基础课程的教学目标就是要促使学生掌握必备的基础理论知识，提高学生的经济学素养，训练学生对经济问题的分析能力，为培养专业化人才夯实基础。

2. 培养应用型人才

经济学是一门能够学以致用的学科，具有较强的应用性特征：其既强调运用经济原理、经济规律解释经济现象，又强调基于对经济现象的分析找出解决经济问题的"最优选择"（黄森，2015）。经济学基础课程的最终教学目标在于培养经济学应用型人才，力求让学生在掌握基本规律和基本方法的基础上，能够灵活应用所学的经济学原理和分析方法，具备运用经济规律解释经济现象、分析经济问题的基本能力。这就要求经济学基础课程教学要重视、加强理论与实践结合。

三、外语院校经济学基础课程的教学难点与现存问题

经济学基础课程可为外语院校实现人才培养目标奠定基础、提供助力，但由于各种主观因素或客观因素的存在，外语院校经济学基础课程教学面临一些难点和问题，导致其应有作用未能充分发挥。

（一）外语院校经济学基础课程的教学难点

外语院校经济学基础课程的教学难点主要源于学生基础能力、教学内容安排和课程内容难度三个方面。

1. 学生基础薄弱，水平参差不齐

经济学基础课程的理论性较强，有一些相对复杂的公式和图表，要求学生具有一定的高等数学知识基础。然而，外语院校学生的数学基础相对薄弱，吸收抽象的经济学原理较为困难，不易理解经济学的各种模型的推导和计算。加之不同专业学生的学习基础不同、数学能力不同，对经济学课程的接受能力也不同，这就增加了教学难度。外语院校在经济学基础课程教学过程中，"学生难学，老师难教"的现象较为普遍，教学效果不甚理想。

2. 课程内容庞杂，配置学时有限

经济学基础课程的内容丰富、体系庞杂，在传统课堂教学模式下通常需要 96～144 学时（黄玲，2016）。然而，外语院校对经济学基础课程设置的课时数普遍存在不足。以北京第二外国语学院为例，旅游管理、酒店管理、会展经济与管理等专业本科生的微观经济学、宏观经济学课时均为 36 学时，总计仅为 72 学时。在有限的学时内完成经济学基础课程教学任务存在一定压力。这就要求教师合理安排教学进度，权衡教学内容的广度和深度，力求既全面覆盖又重点突出。

3. 理论抽象复杂，理解较为困难

经济学基础课程具有极强的理论性、抽象性、逻辑性等客观特征，学生在学习该门课程时普遍反映理解困难。脱离实际单纯的理论教学枯燥乏

味，会极大制约该课程的魅力和吸引力，导致学生的学习兴趣不高、难以理解和吸收理论知识。这就要求教师在讲课过程中避免抽象理论的灌输，要注重理论与现实的结合，抽象转为具体，应用理论分析经济现象、解释经济政策。

（二）外语院校经济学基础课程的现存问题

外语院校在经济学基础课程教学过程中，存在的问题可以归纳于教师授课、学生学习和教材选择三个层面。

1. 教师授课层面存在的问题

从教师授课层面来看，外语院校经济学基础课程教学过程中主要存在三个问题：一是教学模式相对单一。教学中较多采用"满堂灌式"的封闭教学方式，教师为了学生考出好成绩会倾向于重点知识的反复讲解。二是重理论轻实践。不少教师仍然沿袭传统的课堂教学方法，侧重理论的讲授而忽视理论的应用，学用脱节问题依然突出。三是案例教学相对滞后。案例教学是培养高素质、应用型人才的有效教学方法，但案例教学多停留于教材上的陈旧数据和事件，滞后于现实经济。

2. 学生学习层面存在的问题

从学生学习层面来看，外语院校经济学基础课程教学过程中主要存在三个问题。一是积重难返，丧失兴趣。经济学基础课程知识具有连贯性，各个章节之间有着密切的逻辑关系，学生在跟不上教师的讲课进度或者困惑没有及时解决的状况下容易降低学习兴趣，若问题越积越多，甚至可能彻底丧失学习兴趣。二是理解不深，学过就忘。很多学生在经济学基础课程的学习过程中缺少对基本概念、基本理论的深入理解，在学完后仅能记住一些概念和理论，而无法应用于实际经济活动的分析和解释。三是被动学习，缺乏主动。外语院校的学生对经济学基础课程的重视度不够，大多局限于课堂上听教师讲、在课本上勾画要点等简单的机械活动，较少利用课外时间进行深入理解，且很少有学生主动地把抽象的理论知识与具体的实际问题联系起来。

3. 教材选择层面存在的问题

从教材选择层面来看，在外语院校经济学基础课程教学过程中主要存在两个问题：一是教材滞后于学科发展。经济学是一门与时俱进、不断发展的学科，任何一本教材都会存在一定的时滞性，教师的教学内容不能仅仅局限于教材。这就要求授课教师跟踪经济学的发展动态和最新成果，补充讲授前沿知识。二是教材偏重于西方经济理论。经济学基础课程主要讲授西方经济学，即自 20 世纪 30 年代以来，流行于西方国家并成为这些国家经济政策理论基础的主流经济学。使用的教材大多是在国外被广泛采用的教材，或者中国人编写的西方经济学教材，其基本内容与国外流行的经济学教材的内容大致相同。这些教材普遍脱离中国国情，有很浓的西方发达国家的色彩和印记。教师在教学实践中应当注重"中西结合"，将西方经济理论与中国具体国情有机结合，探索"洋为中用"。

四、外语院校经济学基础课程教学效果的改进策略

经济学基础课程教学建设涉及两大核心问题：一是"教什么"，即教学内容；二是"怎么教"，涉及教学模式和教学环境。针对教学难点和现存问题，结合外语院校经济学基础课程的教学定位和教学目标，本文从教学内容、教学模式、教学情境三个方面提出改进策略，以期提升教学效果，满足高质量、专业化人才培养的迫切需要。

（一）教学内容系统化，致力于深入浅出

教学内容的选择与设置要坚持"必需、适用"原则，以"专业能力培养"为主线，围绕课程的教学目标优选内容、突出重点、结合实际，做好课程的顶层设计，保证教学内容的系统性、连续性和易懂性。

1. 优化教学内容，突出专业特色

目前国内使用广泛、权威性高、影响力大、受众认可度高的经济学教材中包含较多的理论知识和数理模型，外语院校学生普遍感觉内容深奥、晦涩难懂。教师在讲课内容的选择上应当巧妙设计、优化设置：一是要"把抽象理论具体化"，理论与实际结合，以抽象的理论知识阐释具体的经济现象，增加经济学理论的现实感；二是要"把复杂模型简单化"，可采取"讲解基本思想—进行公式推导—说明模型含义—模型应用于案例"的

方法强化教学，把难懂的模型用通俗易懂的方式讲授给学生，使学生更好地接受、理解和吸收知识；三是要"加强教学内容的时代性"，以经典理论知识为基础，结合社会经济发展对经济学专业人才的知识能力需求，使教学内容反映一定的时代特征。

外语院校的人才培养目标具有一定的特殊性，经济学基础课程的内容设计与安排中应考虑不同专业学生的学习需求和培养要求，在重点内容和案例分析的选择上突出专业特色，灵活调整不同专业的教学内容。

2. 突出核心问题，抓住重点内容

在教学内容的设计与安排中，要突出课程学习的核心问题，有的放矢，抓住重点。比如，在微观经济学课程的教学中，以价格理论为中心理论，以资源配置为核心问题，重点讲解各微观经济主体如何在市场机制调节下进行谋求效用或利润最大化的理性选择；在宏观经济学课程的教学中，以国民收入决定理论为中心理论，以资源利用为核心问题，重点分析引起总供给和总需求不平衡的原因、总供给和总需求实现平衡的条件、如何实现社会福利的最大化。

3. 理论实际结合，强化应用能力

在教学内容的设置与实施中，要坚持理论联系实际，注重培养学生"学以致用"的能力，引导学生将所学的理论知识应用在实际问题的分析当中，提升学生专业知识的应用能力，推动实现专业化、应用型人才的培养目标。比如，在微观经济学课程的教学中，引导学生在日常生活消费中增强效用最大化的理性意识；在宏观经济学课程的教学中，调动学生关注GDP增长、通货膨胀治理、失业问题解决等经济热点问题的积极性和主动性。通过增强学生对现实经济生活的关注度，强化学生对经济学基本原理的应用能力。

（二）教学模式多样化，着力于灵活施教

经济学基础课程教学内容的理论性、系统性较强，需要教师综合、灵活运用各种教学模式，在教学实践中贯彻落实"以学生为本"的教学理念，确保能够最大化满足学生对经济学基础知识的需求。

1. 改变标准化教学，重视个性化需求

学生的学习起点、学习兴趣、学习特点等存在较大差异。在标准化、

规模化教育成为常态的状况下，要通过了解学生的个性化需求，进而从整体上把握学生群体的需求（周彬，2019）。经济学基础课程在设置上过于强调统一性和标准化，按照预设的标准化教学模式进行教学既无法充分调动学生的学习兴趣，也不符合创新型社会对人才的需求。要打破"一本教材、一套教案"的"一刀切"教学模式，尊重学情、研究学情，关注学生的个性化、多元化需求。根据学生的学习需求实施精准教学（高江勇，2020），以满足学生学习需求为抓手激发学习动机、提升教学效果。比如，在运用案例教学法的过程中，要根据学生的年龄、心理特点、所学专业等因素选取容易吸引学生、易于学生理解的案例。

2. 线上与线下融合，缓解学时不足

随着在线教育媒介技术的逐步成熟，知识传播的速度和形式不断革新，线上教学模式的使用率和普及率日益提升。在线教育打破了传统教学时空的局限，对于增强教学的便捷性、推动学生自主性和互动性学习具有重要作用（尚俊杰、张优良，2018）。"互联网+"时代，线上授课成为新趋势。互联网技术的发展推动了教育模式变革，从单一的课堂教学模式转向"互联网+课堂"线上线下融合的多样化、综合性教学模式。通过增设线上课堂，可缓解经济学基础课程教学过程中内容庞杂而学时有限的矛盾。比如，可以在线上课堂讲解经济模型的基本思想，让学生对经济理论有初步的认知；在线下课堂给学生展示公式推导过程，加深对模型的理解。

3. 实施一体化教学，推进深度教学

实施理论与实践一体化教学是符合外语院校经济学专业人才培养要求、适应学生发展需求的一种有效教学模式，有助于提升学生的核心素养。深度教学是核心素养落地生根的教学方式，是核心素养时代教学方式的必然选择（张良，2019）。深度教学的"深"体现在课程内容、学习过程、学生参与度及学习结果，其关键在于知识迁移和知识运用，即运用知识解决问题。在经济学基础课程的教学过程中，应实施理论与实践一体化教学模式，推进以知识运用为核心的深度教学，引导学生挖掘理论知识的实践意义，让学生带着经济学思维去解释经济现象、思考经济问题。

（三）教学环境活跃化，着眼于良性互动

经济学基础课程的理论性、抽象性、逻辑性较强，学生在理解上会存在一定的难度。活跃的教学环境有利于点燃学生的学习兴趣、调动学生学习的积极性和思考的主动性。

1. 教与学良性互动，高质量课堂教学

大学课堂是高校人才培养的第一阵地，高质量课堂教学为高质量培养人才提供强力支撑（高江勇，2020）。学科知识的有效传授，既需要教师的细致讲解，也需要学生的专注倾听，还需要教师与学生之间的交流互动。如何让学生在 45 分钟的课堂时间内保持较高的学习意愿和学习兴趣？如何改变教师"费劲地教"、学生"无声地学"？如何改变沉默式的课堂常态？如何避免学生"低头族"现象？这需要"教"与"学"的互动式良性运行。

活跃的互动式课堂教学强调"以学生为本"，以高质量的对话为切入点提升课堂教学质量，实现"教"与"学"的动态化深度合作：通过"教师问学生答"，调动学生的学习兴趣，引发学生的积极思考；通过"学生问教师答"，激发教师的讲课深度，拓展教师讲课的广度；教师的"教"与学生的"学"良性互动，教师与学生在学问求索中相互启发。高质量的互动式教学也有助于提升学生的获得感，包括知识的掌握、成绩的提高、学习兴趣的保持以及思维品质的提升。

2. 创设适当的情景，探索体验式教学

知识是学习的内容与载体，学习是知识传播、积累、发展的重要途径，知识学习是一种亲历性、情感性、领悟性的活动，需要通过体验才能转化为素养（罗祖兵、郭超华，2019）。学生是否掌握知识的评判标准在于学生能否将显性知识转化为默会知识，是否能自动化地运用知识（Polanyi，1969）。在经济学基础课程的教学过程中，要把传统的"传授式教学"转变为"参与式教学""体验式教学"，增强知识学习的体验性。

单纯地讲授无法调动学生的积极性，可实施"参与式教学"模式，通过设置开放的教学内容、实行提问式的授课方式，在教师讲授知识的基础上鼓励学生发表自己的看法、分享自己的感悟，以培养学生的经济素质、提升学生的创新意识和积极态度。

由于经济学基础课程的教学内容具有间接性和广泛性，很多内容无法让学生直接体验，可实施"体验式教学"模式，通过创设适当情境、活化知识情境，引发替代性体验（罗祖兵、郭超华，2019）。比如，可在课堂

中构建模拟情景，让学生在仿真的情景中将所学经济理论知识应用于具体经济问题的分析和处理。

3. 激发学习的动力，调动学习积极性

外语院校经济学专业人才培养的目标要求学生不仅要掌握扎实的专业基础知识，更要培养学习能力。这就要求教师在教学实践中应当关注学生的学习过程，注重指导学习方法，培养学生的问题意识和批判思维。在课堂中为学生创造提问的机会，激发学生的问题意识，并及时回应学生的问题。可在课堂中设置研讨会，选择重点内容或学生不易懂的知识点展开深入的讨论，以学生为主体，让学生充当质疑、问难、探索与试验的角色（董泽芳、邹泽沛，2019），从而最大限度地激发学生的学习积极性。在讨论时教师应加强针对性指导，发挥好激发、引导、支持与点评作用。

概言之，经济学基础课程是外语院校经济学专业的基础性、必修型课程，对于实现培养专业化、应用型人才目标具有基础性作用。授课教师应当在教学内容、教学模式和教学环境等方面不懈探索，不断提高教学质量和教学效果。

参考文献

[1] Polanyi M. Knowing and Being [M]. Chicago：The University of Chicago Press，1969：144.

[2] 董泽芳，邹泽沛. 常春藤大学一流本科人才培养模式的特点与启示 [J]. 高等教育研究，2019（10）：103-109.

[3] 高江勇. 高质量本科教学的发生——为何需要及何以实现互动式教学 [J]. 高等教育研究，2020（1）：84-90.

[4] 黄玲. 微课程在应用型本科院校教学中的应用研究——以《经济学基础》课程为例 [J]. 高教学刊，2016（13）：86-87.

[5] 黄森. 外语院校国际复合型经济类人才培养的思考——基于西方经济学教学改革的分析 [J]. 产业与科技论坛，2015（6）：141-143.

[6] 贾晓薇，祁赫，赵雨田. 实践教学是推动外语院校经济学教学改革的创新途径 [J]. 大学教育，2013（8）：98-99.

[7] 罗祖兵，郭超华. 知识学习的体验属性及其教学意蕴 [J]. 教育研究，2019（11）：81-90.

［8］尚俊杰，张优良．"互联网+"与高校课程教学变革［J］．高等教育研究，2018（5）：82-88.

［9］周彬．学科教育专业化：知识基础和行动路径［J］．教育研究，2019（3）：59-67.

［10］张良．深度教学"深"在哪里？——从知识结构走向知识运用［J］．课程·教材·教法，2019（7）：34-39.

"对话式"案例教学的课堂设计：以《衍生金融工具》为例

何俊勇[①]

一、"对话式"案例教学的基本理念

（一）面向现实经济，让课堂中的教与学和现实生活融为一体

在当今的课堂教学实践中面临着种种困惑：为什么教师费心费力备课和讲授，而课堂气氛却是那样的沉闷和乏味？为什么越来越多的学生对课堂教学失去了兴趣？为什么课堂总是缺少学生的参与，从而失去了活力？等等。导致这些课堂状况的原因可能有很多，但其中最重要的一点就是：课堂中的教与学脱离了实践，脱离了现实生活，因而学生失去了课堂学习的兴趣，这样课堂教学也就失去了原有的意义。

（二）提高学生参与课堂的积极性，让课堂中的教与学充满乐趣

"对话式"案例教学是参与性教学的一种，一般是指在老师的引领下，选取典型案例，学生将自我代入到案例的情景中，通过学生对案例相关事件的学习和思考、教师的分析与解读，加强学生对案例相关的金融知识及其实际应用进一步理解和掌握的一种教学方法。这种方法能够有效弥补课堂教学中学生实践不足以及对事件观察的片面性、孤立性而缺少系统性等

① 何俊勇，经济学博士，毕业于中国人民大学财政金融学院，现任北京第二外国语学院经济学院金融系教师，主要讲授衍生金融工具、固定收益证券分析、国际金融等课程。

问题。案例式教学打破了以往单一说教式的教学模式，使课堂脱离沉闷的灌输性氛围，从而营造一种人人参与的互动教学环境。在"对话式"案例教学实践中，同学们针对案例中的相关问题共同分析、讨论，激发思考、开启智慧、发散思维，可以提出解决这些问题的多种方案，从而提高了学生参与课题教学的积极性和主动性，提高对知识掌握的系统性，并将所学习到的知识更好地融入到实践之中，活跃了课堂气氛，提升了课堂教学效果。

二、"对话式"案例教学课堂设计的主要原则

在以上基本理念的引导下，"对话式"案例教学的课题设计应该坚持的主要原则有：问题导向、尊重差异、密切联系现实经济实践。

（一）问题导向

对话式教学的国内研究始于 20 世纪 90 年代中期，但是在当时并没有引起广泛的关注与应用，自 2001 年起，"对话式"教学逐渐受到重视，并发展为一种新的教学形式（肖正德，2006）。其较为显著的特征是：平等意识、真诚倾听、多变互动、建构生成、和而不同（张增田，2005）。以往的教学模式往往采取单一"灌输式"教学模式，剥夺了学生在学习中的主体地位，使课堂沉闷、学生课堂参与积极性不高，这样课堂也便成了教师一个人的舞台，而观众却成为一群"失语者"。"对话式"教学模式打破了这种单向的"灌输式"教育模式，将原来的一维提升到二维空间，通过对话的形式将知识传输的单一通道，变成了双通道模式，转变了以往的教学观念和方式，成为一种尊重主体、体现创造性的教学实践。

案例教学法，首先需要教师讲授经典案例中所需要的基础知识，在《衍生金融工具》课程教学中则体现为衍生金融工具基础知识和基本应用的讲解，通过科学的案例选择，在课堂上采用讨论式，或者对抗辩论的方式，引导学生将自己学习到的理论知识应用到实践中来，并结合学生自己的理解，对案例中涉及的金融知识及其典型应用阐述自己的观点。案例教学的方法最早于 1870 年在哈佛大学法学院率先使用，之后哈佛大学医学院也采取了这一教学模式（杨光富等，2008）。但哈佛大学商学院的跟进时

间较晚，在 1921 年才正式开始采用案例教学方式。由于哈佛大学的表率和推广，最终在全世界范围内产生了深远又广泛的影响。今天的哈佛大学商学院，超过 80% 的课程采用案例法的讲授方式。

因此，选择衍生金融工具应用的典型案例，精心设计课堂，将对话式教学和案例教学方法有机结合起来，让学生通过小组成员之间的"对话"、教师和学生之间的"对话"，深刻理解衍生金融工具基础知识及其在金融实务中的基本应用。这种将案例与实际应用相结合的方式，促进了师生之间的沟通交流，能够达到共鸣性思考，并开启智慧、发展思维，从而增强学生的实践能力，提高其综合素质。

（二）尊重差异

"对话式"案例教学模式强调课堂教学应是开放、合作的对话过程，即整个教育教学活动将以敞开的心扉去积极邀请师生共同参与课堂教学内容的对话与合作，提高学生对课程内容的理解与掌握。在整个课堂设计中，要由学生展示他们自己对案例的思考和见解，与教师的互动模式也不再是以往死气沉沉的服从，老师将观点强加于学生，而是以一种共享的态度去观察、思考和解决问题，在充分的对话中丰富自己的见解和看待事物的系统性，这充分体现了课堂教学中对学生自我意识、自我见解的尊重。在学生之间、师生之间充分的对话和交流之中，启发了思考，吸收了他人的不同见解，同时也活跃了课堂气氛。

（三）密切联系现实

"对话式"案例教学有多种模式，其中采用情景剧对话的模式重现案例或模拟现实的实际操作的方式被广泛应用。任新利等（2005）曾在讲授商业银行与第三方支付的教学中，采用情景对话的方式，将商业银行的一些枯燥的规章条例，和繁杂的操作手法简便化，用更易于学生接受的方式传授了商业银行和第三方支付之间的交易现状。在《衍生金融工具》"对话式"案例教学实践中，选用经典的、具有标志性意义的案例，如 1997 年亚洲金融危机中以索罗斯量子基金为首的国际玩家如何运用衍生金融工具构造投资多种策略来狙击泰铢等经典案例，采用模拟现实的实际操作方式，将国际金融大鳄和泰国政府攻守双方的交易策略、金融市场中的交易行为、双方不断地针锋相对，最终泰铢失守的场景给予重新呈现。让学生体会这些情景，深入理解不同衍生金融工具组成的交易策略及其实际效果。这种将案例教学和对话教学相结合的方式能够有效避开单纯讲解案例的无趣性，增加了学生的交互式体验，有助于改进课堂教学气氛、提高教学效果。

三、我国的财经类高校衍生金融工具
教学现状和课程改进

衍生金融工具的具体内容涉及多个学科的交叉，涵盖了经济学类、金融学类、工商管理类、统计学类、会计学、应用统计学类等专业。因此，学生在理解衍生金融工具中往往需要学习多种知识概念，并明确了解每个衍生工具的数量变动和统计意义，这对学生自身提出了一定的挑战。衍生金融工具教学重视交差学科的思维方式，主要是掌握运用数值模拟计算、计算机仿真等方法解决实际金融市场中运用衍生金融工具套期保值或者实现盈利的目的。具体则包含利用衍生金融工具进行金融产品设计、定价、交易策略设计以及风险管理等。这是与实践案例的分析和了解密切相关的，只有充分分析经典的运用衍生金融工具进行获利的案例，才能充分地了解和掌握如何选择应用不同的衍生金融工具，采用什么样的策略得到预期的效果。

（一）教学现状

我国现在的衍生金融工具的授课内容主要包括期货、期权、互换等衍生品的交易机制、定价与对冲及投资组合等，对于其中较为复杂的定价和对冲，交易策略设计等均要使用较为复杂的数值计算方法。然而目前在大学数学的教育中，仅仅使用《高等数学》《线性代数》《概率论与数理统计》很难做到与金融的融合，而在数值计算和仿真中，大部分经管专业学生仅会使用 Eviews、SPSS 等。这特别是在计算期权定价理论上存在明显不足。

（二）课程改进

首先，增设相关数值计算课程。可以增设相关的数值计算课程，如偏微分方程的数值算法、优化积分等。在相关的程序设计课程上，可以具体地学习有关 Stata 计量软件应用。对于数据的爬取分析，可以开设 Python。针对一些矩阵数值的解法和应用，可以开设 Matlab 的软件学习。总之，将金融学与相关数理课程进行整合学习，在金融的基础上增加一些编程类课程，从而提高数值计算和模拟能力。其次，鼓励学生主动调研我国金融衍生工具的发展现况和相关的交易规则。我国的金融衍生品种类极其丰富，从产品涉及的种类上来说，有农产品、工业产品、金融产品。在工具的具体设定上，包含美式期权、欧式期权、远期交易、期货、货币互换条约等。这为学生在查找和使用金融衍生工具进行策略研究和设定提供了丰富的素材，有利于学生在具体的案例中查找和应用。此外，还应充分利用现在网络媒体教学，如一些网络教学平台、微信资源公共号、学术讲堂、慕课等。其中，慕课是一种非常有效的教学补充手段。在这个网络教学平台上，有许多国内著名财经学校的著名教师讲授相关金融衍生工具的课程，如中央财经大学推出的《金融工程概论》、南京大学推出的《期权定价》等课程。课程的广泛度和深度都对学生进一步加深对衍生工具的了解起到非常好的作用。微信公众号则善于用风趣幽默而又平易近人的语言描述一件金融案例。在具体的案例中，生动活泼地点出了相关金融衍生工具的作用和策略搭配。有的公众号内甚至会采用绘画图解的方式阐述具体的问题，使读者看起来不枯燥乏味。这也是学生学习相关金融知识的一味丰富的调剂。最后，在课堂上实现金融衍生工具策略选择和模拟，两者是通过对话式案例教学在衍生金融工具的课程中得以实施，需要教师在课前总结筛选合适的案例。案例所涉及的问题均有一定的逻辑性，而非简单的知识点引导，使学生在准备阶段，充分地了解和应用相关的金融衍生工具的设定，熟悉案例中经典的应用策略，并提出自己的看法。

四、"对话式"案例教学在《衍生金融工具》中的实施

(一)《衍生金融工具》课程教学特点

衍生金融工具是以传统金融工具如股票、债券、外汇、货币市场工具

（票据）等为基础，以信用和杠杆交易为特征的金融合约。衍生金融工具本身不具有价值，其价值依赖于基础金融工具的价值，基础金融工具的价格波动又决定于一个经济体的经济状况和外部冲击的类型和性质。衍生金融工具种类繁多，衍生金融工具按照形式可分为远期、期货、期权和互换；按照标的资产，衍生金融工具有基于利率、汇率、股票、债券、指数等。不同衍生金融工具的概念极易混淆，初学者常常难以在短时间内进行区分和掌握。例如，看涨期权和看跌期权的区别、美式期权和欧式期权的区别、多头和空头的区别、期货和远期的区别、不同衍生金融工具到期期限设定对资产定价的影响、美式期权和欧式期权的定价问题等。

《衍生金融工具》是一门应用性、实践性很强的课程，主要包括衍生金融工具的类型分析、期货期权业务操作与管理、期权定价、资产组合风险管理等内容。在教学实践环节引入典型案例，对于提高学生深入理解衍生金融工具的概念、不同衍生金融工具的区别、利用不同衍生金融工具进行套期保值、投机和套利等实际应用，都至关重要。

当前，随着金融全球化程度的加深，金融自由化和由此导致的金融风险加大，以及我国金融市场改革的不断深化，衍生金融工具已经成为政府、企业和个人进行投资和风险管理所采用的非常重要的金融工具。以2008年美国次贷危机为例，美国市场中发行了大量的以住房做抵押的次级贷款为标的的复杂衍生金融工具，如 CMO（Collateralized Mortgage Obligation，抵押担保债券）、CDO（Collateralized Debt Obligation，担保债权凭证）、CDS（Credit Default Swap，信用违约互换）等，随着美国房地产市场泡沫的破裂，这些衍生金融工具的价值大幅度缩水，并最终导致严重的经济危机。通过"对话式"案例教学，能够帮助学生身临其境，更好地感受和理解衍生金融工具在金融市场中的作用。如果按照传统的讲授方法，很难在较短时间内让学生厘清不同衍生金融工具之间的关系，及其最终导致的实际结果。

由于金融学科本身偏向实践的性质，金融学科人才培养的目标应该在掌握基础金融知识的前提下，培养更加偏向应用的人才，尤其是衍生金融工具这种在市场活动中非常活跃、在现代金融市场中其交易比重越来越大的实用性工具，"对话式"案例教学尤为重要。通过"对话式"案例教学，能够增加学生的学习兴趣，提高学生对典型案例系统分析的能力，同时有效地提高了课堂教学效果。

（二）"对话式"案例教学法在《衍生金融工具》中的适用性分析

首先，金融现象具有典型性，金融事件的发生往往有一些"典型事实"。案例研究类似于中医的望闻问切（唐旭，2006）。典型的案例就像是典型病例，针对典型案例做出的决策——医学中的药方，决策者根据已掌握的典型案例开出处方，再根据个案的不同情况酌情添加不同的用药剂量，便会药到病除。以亚洲金融危机为例，选择索罗斯量子基金攻击泰铢这一典型案例，在"对话式"案例教学中，可以选择不同的模式感受金融衍生工具的应用。例如，选择两个学生小组分别扮演索罗斯量子基金和泰国政府，彼此在这场危机中相互交战，在对抗式的"对话"模式中加深对案例的理解，或者由一个小组分析解释案例，由其他小组向同学和老师提出自己的疑问，并发表自己的见解等。在这种形式下，多种复杂的衍生金融工具及其应用可以在一个典型的金融事件中体现出来，该事件的不同阶段会涉及不同衍生金融工具的应用，并在实际的事例中体现出这些金融工具的应用效果，这样让学生更加直观生动地了解选择不同的衍生工具会造成什么样的结果，加深他们对衍生金融工具及其应用的深入理解。

其次，金融现象具有多样性，需要团队深入研究并集思广益。"对话式"案例教学需要学生们自己去分析解决相关问题，查阅收集资料、处理数据。针对案例中不同的角色，不同的情景，设身处地地去应用相关衍生金融工具。并通过学生之间的"对话"，教师与学生之间的"问与答"，能够增强学生的总结归纳能力，逻辑能力，在平等的讨论氛围中解决问题的方法，这种启发式教学方法，能够引导学生的思考，提高其理解和系统掌握金融知识的能力。

（三）教学实施

"对话式"案例教学在《衍生金融工具》课程中实施，可分为三个基本步骤：案例引入、案例"对话式"讨论、案例总结。仍以 1997 年亚洲金融危机为例，分小组采用模拟现实的实际操作方式。提前一周将该案例题目和相关资料发给学生，讲授案例中所使用的各类衍生金融工具及其功能、特征、交易机制和交易策略，并鼓励他们自行查找更多相关材料。

引入案例。简要介绍案例背景、案例中进攻和守卫的两方，攻守双方分别由两组学生组成，其中一组为进攻方，代表以索罗斯量子基金为首的金融大鳄；另一组为守卫方，代表泰国政府，坚定守护泰铢以免其币值大幅贬值。

案例"对话式"讨论。结合实验模拟，进攻方提交基于不同衍生金融工具攻击泰国金融市场的交易策略，守卫方采用相应的防守策略保卫泰铢以免大幅度贬值。在攻与守的对抗中，根据不同衍生金融工具的使用，教师在辩论过程中给予适当引导并提出问题，发起对话，师生互动，启发学生认真思考，并给出其市场交易策略。两组学生通过深入思考和模拟操作，调动全体学生的积极性，并规定小组成员轮流回答。这样通过"对话式"案例教学能够提高学生对相关内容的深入理解和彻底掌握，从而提高了实际的教学效果。

在双方攻守的模拟中，学生既可以全面了解事件发生的整体过程，也会对双方的攻击手段，应对策略有更加充分的理解。例如，在进攻方中，索罗斯量子基金的交易策略：采用哪些衍生金融工具？在什么样的情景中开始攻击泰铢？守卫方，作为泰国政府的代表，如何应对索罗斯等的强大攻势？如何维护泰国金融市场的稳定以免泰铢大幅度贬值？攻守双方对抗性交锋的过程如何进展，最后又以什么样的方式结束？等等。其中，教师对案例进展过程的解析，是"对话式"案例教学的中心环节。在这一环节，教师可以对案例中应用的衍生金融工具给予解释，并对金融市场中的实际情形和实际采用的衍生金融工具联系起来进行讲解，学生也可以提出自己的观点和疑问。教师要针对学生中存在的一些普遍性问题，启发学生深入思考，并及时答疑解惑。

案例总结。首先，教师对案例进行点评，如案例中攻守双方所采用衍生金融工具和交易策略，及其最终的实际效果，不同交易策略的实际结果的可能差异等。其次，教师对两个小组在案例模拟中的表现进行点评，如学生对金融市场情景的判断是否正确，所选择的衍生金融工具和采用的交易策略是否适合当时的市场情景等，以启发学生进一步深入思考。不同于自然科学，金融学科的许多案例并没有唯一解。因此，总结并不是给学生提供案例的标准答案，而是主要就案例中的关键点、对抗中的对话过程、具体金融工具应用，以及学生的课堂表现作总体评价。最后，对案例进行系统总结，提高学生系统分析典型金融案例的能力。

五、小 结

近年来，通过采用"对话式"案例教学方法的改革研究，使学生将繁杂的衍生金融工具与相关金融知识融会贯通，激发了学生的学习热情，调动了他们学习的积极性，且系统掌握该课程相关知识的能力有较大提升。期望《衍生金融工具》课程"对话式"案例教学方法教学探讨能为其他课程改革提供参考。

参考文献

[1] 甘雨. 基于复合式教学的金融衍生工具课程体系设计与研究 [J]. 现代经济信息，2018 (8)：439+493.

[2] 安世遨. 基于案例的大学对话教学模式设计与应用策略 [J]. 中国高教研究，2017 (3)：83-87.

[3] 焦继军. 金融学科案例教学探析 [J]. 金融教学与研究，2007 (1)：48-50.

[4] 唐旭. 推动案例研究 促进金融理论发展 [J]. 金融研究，2006 (1)：1-6.

[5] 张新平，冯晓敏. 重思案例教学的知识观、师生观与教学观 [J]. 高等教育研究，2015，36 (11)：64-68.

[6] 陈芳，杨炼，谭理. 创新型人才培养模式下的《金融衍生工具》课程教学研究与探讨 [J]. 教育现代化，2018，5 (23)：32-33.

[7] 张增田. 对话教学的师生观 [J]. 西南师范大学学报（人文社会科学版），2005 (5)：113-115.

[8] 杨光富，张宏菊. 案例教学：从哈佛走向世界——案例教学发展历史研究 [J]. 外国中小学教育，2008 (6)：1-5.

[9] 肖正德. 我国对话教学研究十年：回顾与反思 [J]. 高等教育研究，2006 (4)：68-73.

[10] 任新利，崔颖. 商业银行如何应对第三方支付的崛起 [J]. 电子商务，2015 (3)：87-88+94.

《国际物流》课程教学中单据的运用

池 娟[①]

近些年，经济全球化特别是生产和贸易的全球化推动了国际物流的迅猛发展，进而对具有实践能力的专业化物流人才的需求也日益增加，《国际物流》课程是培养国际物流业务实用型人才的必备课程。在这样的背景下，对《国际物流》课程的教学及学生的实践创新能力的培养都提出了更高的要求。

一、《国际物流》课程的实践性要求对单据的熟练掌握

随着跨境物流的迅猛发展，我国对掌握物流和外语贸易知识的复合型人才的需求日益增长。针对这种情况，很多高校在贸易相关专业的教学计划中都开设了《国际物流》课程。作为外语外贸专业为数不多的涉及物流的课程，《国际物流》课程涵盖的内容众多，包括国际贸易实务、国际物流、国际货运代理、报关实务、国际运输管理等诸多方面的知识，同时与《国际贸易实务》《货物运输与保险》等课程相互衔接，具有很强的实践意义。

在国际物流的现有课程体系中，会涉及采购、包装、储存保管、流通加工、商品检验检疫、通关、装卸搬运和运输众多环节，其中不仅会出现货物订仓单、装货单、收货单和海运提单等运输单据，也会出现入库单、出库单、委托检验申请单、进出口货物报关单等各种其他单据。在国际物

---

① 池娟（1976-），北京师范大学经济学博士，北京第二外国语学院经济学院讲师，研究方向：金融服务贸易、财政税收。

流的具体操作中，很多环节都伴随着相关单据的签发和流转，因此熟练了解和掌握各个环节单据的具体操作流程是国际物流实践性的要求和体现。

二、《国际物流》课程教学中运用单据的现状

（一）课堂教学中单据的运用有所欠缺

虽然国际物流不同环节中会出现众多单据，但由于篇幅所限或趣味性的欠缺，在教材的编排和教师的授课中却经常忽略了单据的引入，造成学生对单据和相关业务操作的掌握有所欠缺，只知道有这些单据，却不能将其和所学知识融会贯通，深刻理解单据的流转和业务的运行，不利于学生实践能力和操作能力的培养。

（二）课堂教学中缺乏针对具体单据的操练

在国际物流教学中，即使有单据流转的相关内容，但也比较零散，缺乏系统具体单据的流转操练。比如，在仓储环节会出现入仓单、出仓单等单据，在国际海运物流中会出现装货单、大副收据等单据，在集装箱物流中会出现装箱单等单据，这些单据都很重要，但在课堂教学中却没有针对这些具体单据的操练，不利于学生对这些单据的深入了解和掌握。

三、《国际物流》课程教学中单据的运用

（一）通过各种方式将单据引入教学内容

在《国际物流》课程具体每一章的教学中，采用各种方式把其中出现的单据融入教学中，使理论知识和相应的单据结合在一起，促进学生对知识的融会贯通。比如，在国际海运物流这一章的教学中，可以把中间涉及的所有单据汇总在一起，按照不同的环节出现不同单据的顺序，绘制相应

的流程图，使学生更形象地理解各个环节出现的各种单据，并对单据有更为系统的掌握。

另外，为了增加学生学习这些单据的趣味性，还可以设计"游戏"式的课堂教学形式，将这些单据内容融入到游戏环节中，通过角色扮演、教师引导等方式，让学生从实际问题中进一步探究所学的内容，主动思考，巩固所学到的单据知识。比如，在班轮运输流程中会涉及船方、货方、海关、船代、装卸公司、理货公司等方面，出现装货单、装货清单、收货单、提单、载货清单、货物积载图等各种单据，此时学生可以分成小组，分别扮演船方、货主、船代、理货公司等角色，完成从订舱到签发出提单船舶起航的全部流程，在这中间让相关的当事方在合适的时机签发出正确的单据。通过这样的方式，会大大加深学生对相关单据的深入理解。

（二）尽量运用原版单据增进学生的实践能力

从国际物流的岗位要求来看，其比较注重工作人员实践能力以及工作经验，而在具体的课堂教学当中，学生的实践能力很难得到有效提高。在教学当中虽然有实践课，但由于受到课时安排和企业的接受度等因素的影响，学生接触实际物流操作的机会很少，这样势必会影响学生未来的工作发展。弥补这种情况的重要一环就是在教学中尽量模拟真实的环境，使学生熟悉真实场景下会出现的情况，这样也可以在一定程度上提升学生的实践能力。

在国际物流的单据教学中，模拟真实的环境可以通过尽量运用真实的单据来实现，即在教学中引入物流企业在业务中真正运用的单据，通过让学生研读真正的单据，了解和掌握单据中每一栏内容的含义，熟悉每一栏不同的填写内容会有哪些不同的后续操作，明确单据中会涉及哪些业务当事人，单据的不同填写对业务当事人有何不同意义。通过"精读"真实单据，可以促进学生对不同物流操作的进一步理解，使学生更深层次地掌握相关的理论知识，并具有将理论知识与实践相结合的能力。

（三）注意单据中英文专业词汇的掌握

《国际物流》课程的目标是要培养高素质的国际物流人才，使学生在系统学习和掌握国际物流的基本理论、基本知识的同时，也能够具有一定的专业外语的能力，能够阅读和理解相关的英文合同、单据，为日后能顺利开展工作打下基础。因此，在国际物流课程的单据教学中，也可以融入双语教学的一些元素。

《国际物流》课程涉及的内容是国际物流和国际商务，操作的依据是国际惯例和国际法律，因此要想掌握国际物流的运作就必须了解国际惯例，理解和掌握相关的国际贸易法规。与国际物流相关的国际惯例和国际法规使用的语言多是英语，比如金康合同、海运提单以及这些单据涉及的国际规则等，原文一般都是英文，受语言习惯和翻译等因素的影响，有些内容光读中文很难准确地理解。因此，要想让学生准确地理解和掌握这些规则，可以在课程中引入相关单据、合同的同时，强调理解和掌握这些单据、合同中各种专业术语、专业条款的表达，进一步来强化学生的专业英语能力，从而解决专业课教学与实际单据相脱节的问题，提高学生对于国际物流操作的准确性，培养出越来越多既懂得专业知识又通晓外语，适应国际物流发展需求的外贸人才。

（四） 重视有关单据的案例教学

案例教学是一种启发式和实践性的教学方法，现已成为文科类课程多样化教学的重要方法之一。在教学过程中，教师通过对案例中的单据进行着重分析，揭示物流的有关功能活动，分析不同的单据对后续物流活动的影响，从而加深学生对有关物流知识的理解和掌握。具体在《国际物流》的教学中，教师可以通过各种途径收集相关案例，然后将其融入各章节内容之中，再根据具体的需求来对案例进行改编并突出其中出现的核心单据，针对核心单据的不同状态，精心设计问题，引导学生分析、思考和讨论，通过这样的方式可以培养学生分析和解决实际问题的能力，进而使学生一方面对物流行业的实际情况有所了解，另一方面也巩固了所学的理论知识。

（五） 运用任务驱动法进行单据的教学

任务驱动教学法是一种建立在构建主义教学理论基础上的教学法，能够为学生提供实践的情景和感悟问题的情景，围绕任务展开学习，以任务完成的结果检验学习的过程。通过设计具体任务的方式，能够充分发挥学生的主动积极性，激发学生的学习兴趣。比如，可以设计具体的场景，让学生在具体场景下完成海运提单的缮制，或者设计在一定场景下填写进出口报关单的任务，学生要想完成任务，就需要对理论知识和实践做法都有深入的理解。在这个过程中，需要查阅资料、小组讨论，最后进行汇报时更需要对相关任务进行总结和提炼，无形中培养了学生的独立思考能力、总结归纳能力、分析和解决实际问题的能力，从而达到了较好的教学效果。

参考文献

李惠敏. 民办高校《国际物流学》课程教学改革初探 [J]. 物流技术，2015（6）：308-310.

实践教学

大学生创新创业能力培养模式研究

在 2017 年党的十九大报告中明确提出创新是引领发展的第一动力，创新是提升国家综合国力和国际竞争力的根本，高校承担着为社会培养高素质、高层次的创新型人才的重任，科研、创新、创业意识与能力的养成不是由先天条件决定，可以通过后天的教育与训练来逐渐提高，其是一个循序渐进的过程。各大高校都采用一系列措施与改革，来培养学生的科研创新创业思维和能力，为社会输送高素质人才，使大学生能够在"大众创业、万众创新"的新时代背景下，增强自身的核心竞争力（刘冬雪，2020）。

一、大学生创新创业能力培养模式

（一）大学生创新创业训练项目

大学生创新创业训练项目，也称大学生科研训练计划（Student Research Training Program，SRTP），是为在校本科生设计的一种科研项目资助计划，按照申请课题的质量及经费，可分为国家级、省部级（市级）两个级别，有些学校也会设立校级项目，每年年初由学生个人组建研究团队，在导师的指导下，进行研究性学习，或者设计实验方法进行实验，或组织调研，进行数据分析，撰写研究报告或发表论文或申请专利的创新性

---

① 庞跃霞，现为北京第二外国语学院经济学院教学秘书、科研秘书，助理研究员，主要从事教学管理与科研管理工作。

活动。

大学生创新创业训练项目是以本科生为主体、导师为辅的创新性人才培养模式，按照项目的进展流程，可分为申请项目、中期答辩、结项答辩，研究周期为一个自然年。按照申报的项目类型，可分为创新训练项目、创业训练项目和创业实践项目三类。按照学生的申请方式，可分为学生自主申报和以导师现有科研项目为依托的申报。第一种方式由学生根据自己的兴趣选择研究课题，自己组建团队并联系导师进行指导。第二种方式是以导师现有科研项目为依托，提供几个可供选择的研究方向，学生根据自身特点和兴趣选择相应的方向和导师。

（二）学科竞赛

学科竞赛是面向大学生举办的科技竞赛活动，是培养大学生创新精神和能力的重要手段，通过学科竞赛促进学生将理论与实践相结合，提高学生的创新能力、团队协作能力以及实践动手能力，培养创新意识、思维和能力，提高学生综合素质。2020 年 2 月 22 日，中国高等教育学会《高校竞赛评估与管理体系研究》专家工作组发布 2015～2019 年和 2019 年全国普通高校学科竞赛排行结果，全国共有 1172 所本科院校进入 2015～2019 年全国普通高校学科竞赛排行榜（本科），公布的排行结果包含本科院校榜单 12 个、高职院校榜单 11 个，省份榜单 2 个。

（三）校企合作

校企合作主要是依托学校的地域与学科优势，通过与社会上企业的合作，建立校外实践基地，完善与构建基于校企合作产教融合模式培养大学生创新意识与思维，提高科研与实践能力，培养社会与企业需要的高素质人才，形成学生、企业、校方三方互惠共赢的局面，从实际、实用、实效出发，探索多元化的合作模式，构建师生共同成长的良好平台，共同建立长期、稳定、高效、紧密的战略合作伙伴关系，实现深层次的产学研共赢。

（四）实践教学与专业实习

实践教学包括两个方面：一方面是创新创业课；另一方面是在开设的专业课程中增加实践教学，即实践周。

教育部于2012年印发了《普通本科学校创业教育教学基本要求（试行）》，对普通本科学校创业教育的教学目标、教学原则、教学内容、教学方法和教学组织作出明确规定。强调各高校要把创业教育教学纳入学校改革发展规划，纳入学校人才培养体系，纳入学校教育教学评估指标，建立健全领导体制和工作机制，制订专门计划，提供有力教学保障，确保取得实效。各高校应创造条件，面向全体学生单独开设"创业基础"必修课。很多高校开展第二课堂与创新创业教育，内容包括形势与政策教育、心理健康教育、职业生涯规划、社会实践与创新创业活动等。《大学生创新创业》课在高校是公共必修课，采取专职老师线下讲授，或者采用专属定制的在线学习云平台，采用网络授课和学习的方式，云平台具有优质的课程内容、在线学习服务、在线测试及作业、大数据分析等多个功能。平台面向学习者和教学者，对学生的学习行为进行大数据实时呈现，实现学习个性化、数据化、移动化管理，将正式学习与碎片学习相结合，实现O2O在线学习。

实践周是设置在两个学期教学周之外的实践活动，有些高校设置在寒暑假进行，有些高校设置在学期中进行，不占用正常教学周，是零课时实践周。实践周内容一般由任课老师制定，实践内容丰富多样，包括实地调研、参观、访问、实习、讲座等多种形式，对于提升学生的实践动手能力，尽早接触社会，提高综合素质具有重要意义。

专业实习是要求学生利用大学四年的课余时间和寒暑假时间进行与专业内容相关的专业实习，一般要求达到一定时长，如北京第二外国语学院规定专业实习累计不少于136学时，合格后方可获取第二课堂与创新创业《专业实习》的2个学分，才能毕业。专业实习可以帮助学生将理论应用到实际，帮助学生在毕业后尽快适应社会，为走上工作岗位做铺垫。

二、大学生创新创业能力培养模式存在的问题

（一）大学生创新创业训练项目存在的问题

大学生科研创新团队一般由项目负责人发起，组建团队。团队成员一

般来自个人熟悉的同学，对双方的目标是否一致考虑较少，部分参加者往往是为了评分加优，丰富简历等目的而参加，团队的目的性和功利性较强，很多成员并不明确团队成立的最终研究目的，在项目的进展中科研热情不太高，也可能会产生互相推诿、行为懒散、责任感差等问题。项目负责人有些也缺乏统筹规划，决策、执行、协调能力不强，导致科研创新团队出现分工不合理的现象。团队成员之间也缺乏良好的沟通与问题的反馈，耽误项目的整体进展速度，甚至最后无法如期完成项目。大学生科研创新团队大部分来自同一专业或相似专业，学科背景基本一致，难以实现跨学科的研究突破，形成高水平的研究成果。也有少数学生不能正确协调学习和科研之间的关系，从而影响了自己的学业成绩（李文辉等，2017）。

（二）学科竞赛存在的问题

学生参与学科竞赛的积极性及重视程度不高，只有少数学生有参加过学科竞赛的经历，参赛热情不高的原因有：学生基础课程负担较重无暇顾及其他；校团委、教务处或者二级学院等相关部门对学科竞赛的宣传不够，也缺乏相应的资金支持，很多学生不知道参赛信息，或者参赛存在费用，学生无能力承担。参与竞赛的学生有很多取得了不错的成绩，但是部分参赛同学也会遇到各种问题，比如前期准备不太充分，往往临阵磨枪、急功近利，只为取得好名次或高级别奖项，为就业或考研增加筹码，难以激发创新潜能，难以拿出高质量作品。比赛过后往往也缺乏后期总结与改进。教师参与指导的积极性不高，指导学生参与竞赛势必会花费教师很多精力，教师的授课任务、科研任务也较重，部分教师不愿意增加自身工作负担。无论是学生还是教师的积极性受到影响主要还是因为缺乏相应的激励措施、政策支持以及明确的奖励。比如，学生一般是在德育测评、评定奖学金、创业学分认定方面有相应加分，其他奖励支持较少。教师在职称晋升或年度考核时也会给予一定的加分，但还是缺少资金、实验场地等的支持（张艳丽，2018）。

（三）校企合作存在的问题

目前有一些重点院校以精良的科研设备和优秀的教学资源为基础形成了比较全面的合作，但大多数一般院校的校企合作深度欠缺，基本上停留在项目开发、职工培训、实践培训基地、社会实践等比较浅层次的合作上。校企合作中学生参与企业实践时，有些实践内容实用性低；有些企业把大学生当作廉价劳动力，实践内容与学生专业不对口，对学生专业技能提高帮助不大。校企合作中企业一方普遍合作意愿较低，企业以追求经济效益最大化为目标，而合作院校由于自身能力和制度等原因，无法为企业提供更多的具有吸引力的资源与服务，合作关系靠个人关系维系，部分企业也没有把人才培养视为企业发展的长期动力，甚至将校企合作视为负担。校企合作时企业很少参与学校的专业课程建设，对在企业实践的内容也缺乏从专业的角度合理规划学生实践内容，学校对企业在实践中对学生的评价也往往不重视（张晓慧，2020）。

（四）实践教学与专业实习存在的问题

创新创业教育师资力量薄弱，部分现有教师没有经历过创业实践，或没有接受过系统的创业教育，虽然有理论，但是缺乏创业经验。部分高校只是把创新创业课作为任务去执行，授课内容缺乏针对性。也有高校会从校外聘请一些著名的企业家和创新创业专家进行教学和培训，但是，由于企业家、专家们时间有限，往往是穿插在创新创业课堂的一部分教学，不能自始至终进行，缺乏连贯性。关于教学实践周的实施研究也还处于探索阶段，各高校对教学实践周具体的安排还没有明确的指导，往往是任课教师自行决定实践的内容，对于实践效果也没有相应的评价体系。

融媒体时代对大学生创新创业也提出了挑战，学生可以通过网络自主学习自己感兴趣的内容，这些内容大多数具有前瞻性，对以往的专职教师负责授课的传统模式提出了挑战，弱化了学校创新创业教育的权威性。在融媒体时代信息传播迅速，传播渠道丰富，社会上"一夜暴富""一夜成名"的网红现象，常常使学生的是非观和价值观发生变化，使大学生借鉴良好的创业经验和创业人格培养等观念受到巨大冲击，严重动摇了大学生的创新创业精神的养成。另外，融媒体时代信息的传播呈现碎片化特征，大学生接触到的大多是奇迹型的创业事例，感觉创业离自己很遥远，怀疑自己所学的创新创业知识的可行性（邓燕芳，2020）。

大学生专业实习中存在的问题主要是权益保障的问题，主要表现在：①政府对大学生实习身份认定的法律缺失，因为在已有的法律中没有明确界定大学生的实习身份，也就无法在实习时得到法律的支持和保障；②企业没有形成系统规范的对实习生管理的规定，缺少明确的双方应该承担的权利、责任、保障、权益等协议，即使有协议，也是多流于形式，通常只侧重于企业的权利与实习生的责任条款，对实习生应该享有的权益及保障较少，也很少涉及校方责任；③学校与企业之间没有形成长效合作机制，很多实习单位往往靠学生自己来找，对实习的过程也缺乏管理与有效的考核与评价机制；④大学生的自我权益保护意识也较薄弱，当合法权益受到侵害时，缺乏保留证据、争取合法维权的意识；⑤政府、学校、企业之间也缺乏联动机制，无法有效保护学生权益（李世辉、李香花，2019）。

三、大学生创新创业能力培养模式建议

（一）建设优秀大学生科研创新创业团队的策略

组建多学科交叉的优秀导师团队，大多数参与科研训练计划的学生是低年级本科生，本身的专业理论知识、科研实践能力、创新意识相对来说比较薄弱，需要导师的引领，导师的理论知识、专业素养、实践经验和教学方法将直接影响学生各方面素质的培养。各学科的导师应根据学生自身的特点制订个性化的培养方案，利用各位导师的专长互相协作，共同培养学生的科研能力、动手能力、实践能力、创新能力、敬业精神和团队意识，共同指导学生的结题报告、科研论文的写作、专利的申请，确保项目顺利结项，并对项目的后续性研究提供可能的支持。

组建结构合理的学生团队，加强学生的自我管理。这就需要确定团队的建设目标，根据研究目的来合理配置队员，更多地引进不同年级，不同专业背景的队员，共同确定一个愿景、目标，队员也把自己的个人目标融入团队目标，为项目的进展提供新观点，碰撞思维火花，解决项目中遇到的问题，加强凝聚力，在导师的指导下顺利完成项目。

加强对大学生科研团队的培训。很多学生是第一次申请项目，缺乏经验，对整个项目的申请要求、中期考核、项目报销、结项答辩等不是很了解，因此需要项目相关负责老师对大学生创新创业项目各项要求做一个详细的培训，使项目负责人以及团队成员对自己将要从事的项目有一个明确的时间规划以及团队之间的合理分工与配合。还需要对大学生科研创新团队加强科技文献检索、收集、分析、整理和应用能力的培训，可以邀请图书馆的学科馆员对学生进行项目资料收集方法、数据库使用方法培训，从而迅速提高学生查阅文献的能力（徐琦等，2018）。

（二）组成系统、科学、规范的学科竞赛组织管理模式及激励机制

确定学科竞赛领导团队，竞赛领导团队由组长、多名各学科和研究方向不同的指导教师、1~2名兼职工作人员、3~4名学生志愿者组成。组长可以是一名经验丰富、科研能力强、热情认真的教师，负责联络主办方，培训参赛学生，协调和带队竞赛全过程。指导教师根据专业特长和研究方向的不同负责指导不同的参赛项目。兼职工作人员可以是科研秘书、教学秘书或办公室工作人员，主要负责搜集相关学科竞赛信息，向学校相关部门寻求经费支持。学生志愿者可以由有参赛经验的学生组成，负责协助组长办理具体参赛事务相关工作。

确定参赛学生的遴选与培训机制，向学生宣讲学科竞赛相关活动及重要性，组织学生报名学科竞赛，在校内进行初选，重点选择平时表现优秀、心理素质强、专业课成绩突出的同学。对这些报名的同学组织短期训练并进行考核，最终选择适合参赛的同学组成参赛队伍，确定参赛选题或者为参赛做特定集中性训练，由竞赛小组组长或各学科指导教师制定培训内容，总结同学们的问题，不断改进，提高参赛竞争力。

建立校级层面的激励制度，对学生的激励措施除了德育评定加分、奖学金加分、申请创新学分之外，还可以制定相应政策可以兑换专业课学分或者创新创业课程学分，通过这些措施激励学生主动参加学科竞赛。还需要增加经费投入，用于支持学生用于参赛产生的各种费用和获奖之后的奖金奖励。有些参赛项目在训练过程中还会需要实验场地的支持，这些都需要学校的大力支持。教师层面，设立专门的有关学科竞赛的教育教学改革课题立项予以支持，对指导学科竞赛的教师根据获奖的级别设置不同的奖金奖励、教学方面的成果加分、相应的教学工作量换算、职称评定或聘任时的加分等（冯永政、潘继强，2020）。

（三）创建校企共建的互联网+创新创业平台与实训基地

学校和企业共同设立教育管理机构，将企业的优势与力量引进到学校，让企业参与创新创业教育全过程，共同建设教育教学管理队伍，将学

校与企业的管理文化相结合，提高管理效率，共同构建课程教学体系、培训模式、核心教学方法，并将这些信息发布在搭建好的互联网+创新创业平台上，建立相应的运行机制、保障机制和奖励机制，校企双方的人员都可以在线使用，共同学习，在线交流，形成思维的碰撞，产生新的创新创业火花与实践活动，从而推动创新创业教育产学研一体化发展，提高学生创新创业水平以及成果的孵化。

学校和企业共同整合资源，建立创新工作室、创业园区等创新创业实训基地，通过网络平台将研发的产品及技术条件、专利的申请、技术合作交流、创业模拟软件、创新创业资源与政策等信息发布出去，学生根据自己的专业特点和特长寻找创新创业机会，也可以利用创业模拟软件实现模拟创业，学校教师、学生、企业相关人员可以在线交流，进行创新创业在线指导与跟踪服务，同时在实训基地，加强线下交流，针对不同学生提供个性化培训与实践机会，做到专业化、实践性、个性化的有机结合。

（四）注重教师队伍建设，加强实践周与专业实习建设

注重教师队伍建设，建立长效机制，强化有机联动，在创新创业教育中融入思想政治教育，帮助学生树立正确的创新意识与创业方法，坚定学生创业的理想信念，避免外部因素干扰而造成创新创业思想的动摇，激励学生创新创业热情，激发学生创新创业的潜能，给予学生正确引导，加强心理健康教育，找到适合学生的创业方向，制订个性化创业方案，坚定创业目标，使学生能够具有坚忍不拔的意志，做好面对挫折的准备，从而培养一批政治观念强、有理想有信念、脚踏实地、兢兢业业的创新创业人才（刘冬雪，2020）。

加强对创新创业教师和专业课教师的有关创新创业知识的培训，提升教师的认知水平，提升专业教师的实践技能，实现专业教育和创新创业教育的有效融合，实现线上线下、课堂内外、专业内外、学校内外以及教师之间的有机联动，充分发挥不同场景、不同时间、不同区域的联合行动能力与协同效应（胡文靖等，2018）。

专业课教师要转变传统的教学观念，在教学实践周的设计与执行上形式要多种多样，科学谋划、深入思考和精心设计，突出学生参与的路径与深度，引导学生积极参与，调动学生的主动性，学生也要从思想和行动上变被动为主动，根据教师的实践周安排，利用自己的专业知识加强自身的

执行力去完成实践周的内容。还需要对教学实践周的实施效果建立评价体系，一是从实践的活动报告或具体的成效来观察，二是从教师和学生两个维度去建立评价的细则。

完善大学生专业实习权益保障。政府应建立健全实习法律法规以及制度的落实，对接受学生实习的企业给予财政支持和政策的优惠，或者政府部门也设立一些实习生岗位，拓展实习岗位。企业应主动接收大学生实习，共同承担起培养大学生的社会责任，加强专业实习保障的责任意识，对实习学生加强管理与监督，支付合理薪酬，从而逐步培养学生的实践能力和职业素养。高校应该设立专门的实习管理部门，并制定相应的实习管理制度，加强对大学生实习的指导，保障学生实习过程中的权益，提高实习效果。大学生也应该学会自我保护，在实习时选择正规合法的实习单位，在签订实习协议时，仔细阅读，明确双方权利和义务，提高自我警惕性。建立第三方的非营利性平台把政府、企业、高校、学生四个实习主体有机连接在一起，第三方平台负责审核企业发布的实习信息的真实性，做好"守门人"，并利用平台的大数据分析功能，让政府对学生的实习状况进行监督，对企业的社会责任进行评价。高校根据平台反馈信息，制定更加合理的实习制度与规范，保障学生权益。

参考文献

[1] 刘冬雪. 新时代背景下大学生创新创业教育探索 [J]. 产业与科技论坛，2020，19（2）：121-122.

[2] 2019全国普通高校学科竞赛排行榜发布 [EB/OL]. [2020-02-21]. https：//www. cahe. edu. cn/site/content/11857. html.

[3] 教育部印发《普通本科创业教育教学基本要求（试行）》[EB/OL]. [2012-08-17]. http：//old. moe. gov. cn//publicfiles/business/html-files/moe/s5987/201208/140716. html.

[4] 李文辉，赵贺典，黄艳，等. 协同创新背景下大学生科研创新团队建设发展分析——基于广州大学城学生的实证调查研究 [J]. 天津商务职业学院学报，2017，5（6）：76-81.

[5] 张艳丽. 依托课外科技竞赛提高大学生科研创新能力的策略研究 [J]. 新西部，2108（2）：141-142.

[6] 张晓慧. "互联网+'背景下地方高校创新教育的校企合作机制

研究 [J].智库时代，2020（2）：224-225.

[7] 邓燕芳.试分析融媒体时代大学生创新创业教育的措施 [J].读与写（教育教学刊），2020，17（2）：20.

[8] 李世辉，李香花.大学生专业实习权益保障问题探析 [J].创新创业教育，2019，10（6）：1-5.

[9] 徐琦，马晓梅，顾丹今，等.基于大学生创新能力培养与提升的科研训练计划的实践与探索 [J].中国医药导报，2018，15（13）：139-142.

[10] 冯永政，潘继强.大学生学科竞赛组织管理模式探索与研究 [J].陕西教育（高教），2020（1）：52+54.

[11] 胡文靖，陶漫，蔡治华.高校创新创业实践周执行问题研究——以动物科学专业为例 [J].畜牧兽医科技信息，2018（9）：4-5.